나를 짜증나게 하는

정신 폭력

나를 짜증나게 하는 정신 폭력

초판 인쇄 2004년 8월 1일
초판 발행 2004년 8월 10일

지은이 제이 카터
옮긴이 송은희
펴낸이 김철수
편 집 최봉식
디자인 김현민
마케팅 김규형
관 리 최경석 · 송무영

펴낸곳 아이디북
등 록 1988년 2월 27일 제8-44호
주 소 서울시 마포구 상수동 231번지 호수빌딩 301호
전 화 (02)322-9822~5 | 팩스 (02)322-9826

ISBN 89-903510-9-X 03320

NASTY PEOPLE

나를 짜증나게 하는

정신 폭력

제임스 제이 카터 지음 | 송은희 옮김

Nasty People

How to stop being hurt by them without stooping to their level

| 차 례 |

제2장 · '지능적인 정신 폭력'의 희생자

제3장 · '지능적인 정신 폭력'의 악순환

제4장 · 어떻게 대처해야 할까?

제5장 · '지능적인 정신 폭력' 행위 : 그 메커니즘에 관해서

| 어떤 학생이 보낸 글 |

나는 야간 지역 성인학교의 커뮤니케이션 워크숍에서 제이 카터(Jay Carter) 박사를 처음 보았다. 나는 '대화를 더 잘하기 위한 표현법'을 평생 연구하기로 결심하고 공부하고 있었는데 도움이 될 것 같아서 등록했다. 그 과정은 내가 대화하는데 엄청난 도움을 주었다. 그리고 그 이상의 것이 있었다. 그것은 사람들이 어떻게 생각하고 행동하느냐 하는 것이었다. 다른 말로 표현한다면 실용 심리학이라고 할 수 있을 것이다.

이 과정의 한 분야로서 제이 박사는 '인밸러데이션(invalidation : 지능적으로 남의 정신을 괴롭히는 행위)'에 대해서 강의했다. 박사가 말하는 '인밸러데이션'이란 '내가 올라서기 위해 다른 사람을 끌어내리는 행위'라고 나는 정의한다. 그런데 놀랍게도 내 자신 속에 '인밸러데이션' 현상이 있다는 것을 발견했다. 하지만 그것이 어디에서 생겼는지, 어떻게 존재하는지, 어떻게 작용하는지, 그것을 뭐라고 하는지 하나도 몰랐다. 가장 중요한 것은 삶 속에서 그것을 어떻게 제거하고 자유와 행복을 추구할 것이냐 하는 문제였다.

제이 카터 박사의 수업을 통해 '인밸러데이션' 을 알았던 것이 내 삶을 바꿨다. 이제, 아주 사소한 것이라도 나의 현실에서 '인밸러데이션' 이 이용될 때 나는 그것을 즉각 알 수 있게 되었다. 그것이 다른 사람한테서 오든 나 자신 속에서 나오든 관계가 없다. '인밸러데이션' 의 치료에 대하여 전념하고 있는 사람들을 교육하는데 최선을 다하려고 한다. 그래서 '인밸러데이션' 에 대한 제이 카터 박사의 논문을 모조리 복사하여 배포했다.

하지만 시간이 지날수록 복사와 배포를 한다는 것이 엄청난 작업이었다. 뿐만 아니라, 비율적으로 봐서 '인밸러데이션' 이 무엇인지에 대해 겨우 100만 명 중 한 사람 밖에는 전달할 수가 없었다. 비밀로 간직하기에는 너무나 엄청난 내용인데 말이다.

그래서 나는 '인밸러데이션' 에 대한 작은 책을 써주기를 제이 카터 박사에게 성가실 정도로 애걸도 하고 간청도 했다.

이 책이 출간된 것을 나처럼 여러분도 기뻐해 줄 것이라 믿는다.

엘, 데이비드 라이터
L. David Leiter

| 이 책을 펴내면서 |

모든 책은 저술하게 된 동기나 배경을 가지고 있다. 나는 독자 여러분이 이 책 저술 동기에 대한 이야기를 듣고 싶어 할지도 모를 거라 생각한다. 여기 소개한 자료를 모으기 시작한 동기는 내가 처한 상황 때문이었다. 당시 나는 그다지 행복하지 못했는데 그 이유를 알 수 없었다. 알 수 없는 이상한 덫에 걸려 꼼짝달싹 못하고 있는 것 같은 느낌이 들었다.

그 당시 난 심리학 박사 과정을 밟고 있던 중이었고, 내 경험과 고객 및 전문가와의 미팅, 그리고 교육과정에 대한 일지를 기록하고 있었다. 얼마 뒤 그 일지를 읽다가 내가 알고 있는 사람 속에서도 행동 기능성 장애(dysfunctional features) 특징 중 일부가 분명히 있다는 것을 깨닫기 시작했다. 그러고 나서 어느 날, 출장 차 일상을 벗어나 타지에 머무는 동안, 문득 내 머리에 떠오르는 것이 있었다. 나는 객관적으로 끊임없이 다른 사람한테서 '지능적인 정신 폭력(Invalidation)'을 당해왔다는 사실을 깨달았던 것이다.

처음에, 내가 얼마나 많은 '지능적인 정신 폭력(Invalidation)'을 받았는지 알았을 때 분노가 치밀었다. 이 분노를 진정시키는데 수개월의 시간이 필요했다. 처음에 나는 '다른 사람에게 지능적으로 정신 폭력을 가하거나, 폭력을 당하는 사람(Invalidator)들'에 대해 많은 부정적인 일들을 글로 썼다. 샌드백을 구입했고, 복수심을 불사르며 장작을 쪼갰다. 홀로 차에 있을 때는 상스러운 욕을 하며 고함을 지르기도 했다.

그리고 내가 쓴 글을 사람들에게 나눠주며, '지능적인 정신 폭력자(Invalidator)'들이 얼마나 끔찍하고 나쁜 사람들인지 동의를 구했다. 그들(Invalidator)을 증오했으며 어떻게든 그들을 포착해내려고 애썼다.

그러던 어느 날, 같이 일을 하던 친구에게 내 글을 보여줬다. 그는 평소 내가 좋아하던 친구였다. 나는 내 글 모음을 묶어서 《지능적인 정신 폭력자(The Invalidator－'다른 사람에게 정신적으로 상처를 입히거나 상처를 주는 사람' 이란 뜻으로 저자가 만든 말<역자주>)》라고 불렀다. 그는 그 글을 다 읽고서 내게 와 눈물을 흘리며 말했다.

"내가 바로 네가 말하는 그 '지능적인 정신 폭력자(Invalidator)' 야. 나는 어머니를 수년간 비참하게 만들었어."

너무나도 깜짝 놀랐다. 그의 말을 믿고 싶지 않았다.

"어떡하면 치료할 수 있을까?"

그 친구가 내게 물었다. 나는 말을 더듬거렸다. 그 친구에게 해줄 말이 없었던 것이다. 나의 모든 작업은 '지능적인 정신 폭력자' 를 공격하기 위한 것이지 그들을 도와주기 위한 것이 아니었기 때문이다.

그날 저녁 귀가하느라 자동차를 운전하던 중 내 자신이 '지능적인 정신 폭력자'가 되어가고 있음을 깨달았다. 친구가 절망하던 모습을 떠올리며 눈물을 흘렸다. 어찌 그리 나 자신이 경솔하고 부주의할 수 있단 말인가? 나는 책을 절반만 쓰다가 중단하고 있었던 것이다. '지능적인 정신 폭력자'들은 어쩌란 말인가? 그들을 어떻게 도와줄 수 없을까?

답을 찾기 시작했다. 그 답을 찾느라 점점 더 진지해져 갈수록 분노는 점점 사그라지고 있었다. 어떤 일이 일어나는지 알아보기 위해 '지능적인 정신 폭력자'들 앞에 내 자신을 던져 여러 경험을 했다. (사실 기차 철로 위에 누워 있으면 어떤 일이 일어나는지 아는가? 기차는 그냥 몸 위를 지나간다.)

나는 '지능적인 정신 폭력자'들의 부모에 대해서도 연구하고, 범죄자들도 연구했다. 이중속박 이론(double-bind theory)과 구할 수 있는 모든 필요한 책을 연구했다. 마침내 '지능적인 정신 폭력자'들의 전체 사이클(순환과정)을 파악하게 됐다. 진실 그 이하가 아닌 오직 "진실(truth)"의 중요성을 이해했다. 모든 것을 이해하게 되자, 자존심을 되찾을 수 있었다. 그리고 사람들을 잘 대할 수 있게 되었다.

'지능적인 정신 폭력자'들에게 침을 뱉거나 야유를 보내는 대신에 유머나 또는 직접적으로 맞대응하는 방식으로 그들을 다룰 수 있게 되었다. 그리고 이제 그들에게 더 이상 영향을 받지 않게 됐다. 그들이 은밀히 공격해올 때 분노를 느끼는 대신에 팔꿈치로 슬쩍 찔리는 정도의 자극만을 느꼈다. 영화 주인공 '람보(Rambo)'처럼 '지능적인 정신 폭력자'를 직접 공격하는 대신, 그들을 분리해서 다른 시각으로 접근했다.

마침내 나 자신의 불행의 원인이 되었던 비밀을 발견했다. 다른 사람과 더불어 나의 새로운 깨달음을 나누기 시작했고, 그 깨달음과 이해가 그들 삶 속에서 진정한 차이를 만들고 있다는 것을 알게 되었다. 나는 일반시민을 대상으로 한 강좌를 하면서 기적을 목격했다.

처음에는 '지능적인 정신 폭력자' 들의 행동에 대한 내 해결방안을 사람들에게 소개했다. 시간이 지남에 따라 사람들에게 문제를 보여주고 본인이 스스로 해결방법을 찾아 그들을 다루는 것이 훨씬 더 효과적이라는 것을 알게 되었다. 우리는 각자 삶을 살아가는데 필요한 열쇠를 쥐고 있다.

때로는 경험과 다른 사람의 충고로, 때로는 신의 영광을 통해서 만들어진 각자의 열쇠 속에서, 이 열쇠는 우리 삶의 비밀을 열어준다. 가끔은 문제 해결의 열쇠(master-key)를 우연히 발견하기도 한다. 그 마스터 키는 쉽게 다른 사람의 열쇠를 만드는데 더 도움이 된다.

이 책 속에서 강조하는 마스터 키를 나 혼자만이 발견한 것은 아니라고 생각한다. 어떤 면에서는 그 누구라도 이 책을 쓸 수 있었을 것이다. 사람들이 책을 쓰라고 자꾸 요구하던 시점이어서 내가 이 책을 썼을 뿐이다. 발견과 깨달음의 흥분으로 나는 가능한 한 많은 사람들에게 접근할 필요성을 느꼈다.

일반적으로 학생이 스승으로부터 배우는 것보다 많은 것을 스승은 학생으로부터 배운다고 한다. 나는 가르치면서 항상 질문에 대한 답을 발견한다. 비록 그 이전에 그 질문에 대한 답을 몰랐다고 해도, 학생들의 답변을 듣다보면 종종 "바로 그거야." 라고 느낄 때가 있다. 이 책을 쓰면서 같은 경험을 했다.

단조롭고 힘겨운 저술 기간 동안 문득 깨달았다. 바로 내 작은 자존심의 동기가 나를 응시하면서 쪼그리고 앉아 있었다는 것을. 가장 주된 동기이면서도, 아마 단 하나의 동기였던 자존심이다. 나는 또 다른 열쇠, 즉 자존심의 문제를 해결할 필요한 열쇠를 발견한 느낌이 들었다.

여러분이 돈을 주고 산 이 책은 투시도(perspective)이다. 간단하고 정확한 방법으로 이 관점을 소개하기 위해 많은 사람들의 도움을 받아 아주 열심히 작업했다. 30페이지로 소개할 수 있는 아이디어를 300페이지로 쓴 책을 그다지 좋아하지 않는다. 독자들의 시간을 절약해 주고 싶기 때문이다. 전문적인 용어를 배제하려는 부가적인 노력을 하고, 세부 내용 때문에 큰 그림을 놓치지 않도록 하기 위해 책 분량을 작게 했다. 내 관점과 독자가 받아들이는 접점이 정확하게 들어맞았는지 어떻게 알았느냐 하면 사람들이 나에게 그렇게 생각한다고 말해주었기 때문이다.

대학과 기업 강연을 통해 수천 명의 사람들에게 이러한 관점을 제시해주었다. 이 책의 개념 자체가 여러분을 행복하게 해주지는 못할 것이다. 그러나 상황을 정확하게 인식하여 더 이상의 불행이 지속하지 않도록 막아줄 수는 있을 것이다. 당신 자신을 행복하게 만드는데 당신이 해야 할 일은 오로지 당신에게 맡길 것이다. 무엇보다도 먼저 짊어지고 있는 분노를 등에서 내려놓아야 한다.

앞에서 나는 이 책을 꼭 써야만 한다고 언급한 적이 있다. 만일 내 후손이 사는 시대에도 이런 '지능적인 정신 폭력(Invalidation)' 행위가 만연하고 있다면 내 마스터 키가 후손들에게도 유용하게 사용될 수 있지 않을까 하는 게 내 의도이기도 하다. 평균 한 사람이 512명의 후손을 갖는다는 사실을 아는가? 따라서 그들에게 보내는 글이다.

이 책 초판이 발행된 지 거의 14년이 지났으며, 지금도 잘 판매되고 있다. 이 책은 1백만 권 이상 팔려 베스트셀러의 반열에 올랐으며, 내가 한 일 중 가장 완벽한 일이라고 생각한다. 개정판을 내자는 제안을 받고서 잠시 망설였다. 그러나 지난 10여 년간 '지능적인 정신 폭력'에 대해 좀더 알게 됐으며, 이러한 경험과 지식들이 다른 사람에게 도움이 될 수도 있다고 생각했다. 독자로부터 수천통의 편지를 받았으며, 그 편지 하나하나를 읽었다. 대부분 그 편지는 안심과 위로가 되었으며, 이 책을 통해 새로운 관점 속에서 상황을 인식할 수 있도록 도움이 됐다는 내용이었다.

이 편지들은 내게 아주 소중한 것들이었다. 나는 이 책이 그간 고통 받던 사람들에게 위안과 안심을 줬다는 사실에 기쁨을 느끼고 또 편지를 보내준 데 대해 모두에게 고마움을 표한다. 편지 덕분에 나는 이 《나를 미치게 하는 정신 폭력(Nasty People)》을 다음 단계로 끌어 올릴 준비가 되었다.

나는 이 책의 기본 형식을 바꾸고 싶지 않았다. 그래서 새로운 소재를 여기저기 분산 배치했다.

새로 다룬 소재는 다음과 같다.

- **당신은 영혼의 주인** : 신뿐만 아니라 영혼의 주인은 당신이어야 한다. 당신이라야 하는 것이 아니라 당신이다. 당신의 영혼을 빼앗아간 못된 사람으로부터 주도권을 되찾는 방법을 알아본다.
- **자아부정** : 자아부정은 어디에서 나오는가?
- **자신감** : 자신감은 어디에서 나오는가?

- **약한 동기의 속성** : 어떤 일을 하는 당신의 동기가 진짜보다 더 하찮고 다른 동기가 있다고 누군가에게 지적당한 적이 있는가? 만일 그 사람이 당신을 그 누구보다 더 잘 알고 있어야 할 당신이 사랑하는 사람이라면, 마치 이 사람은 당신을 정말로 알지 못하는 사람처럼 느끼게 된다.
- **개인적으로 받아들이기** : 개인적으로 받아들이지 않는 것이 분노를 다스리는 비밀 중 하나이자 '지능적인 정신 폭력' 을 극복하는 비결이다.
- **보다 큰 틀에서 인식하기** : 보다 큰 그림에 대한 인식을 유지하는 것이 분노 다스리기와 '지능적인 정신 폭력' 을 극복하는 비결이다.
- **불량배** : 학교 불량배들을 기억하는가? 이들은 자라서 직장 상사나 배우자, 교수 혹은 이웃사촌이 된다. 그들은 예

전보다 좀더 교묘하고, 매끄러워진다. 이 같은 사실을 알면 아이들을 도울 수 있고, 어렸을 때 도움을 받았더라면 하는 바람을 가지게 될 것이다.

- **처한 상황을 벗어나 크게 생각하기** : 더 큰 틀에서 생각하는 마법은 어려운 상황 속에서 벗어나도록 도와줄 수 있다.
- **비난** : 비난은 힘을 앗아간다. 설령 그 사람이 잘못을 했더라도 남을 향해 비난만 하고 있다면 자신의 삶에 대한 통제권을 얻기 힘들어진다.
- **악**(인간정신의 침해) : 한 여자는 자기를 괴롭히는 '지능적인 정신 폭력자'가 자기 영혼을 말살시키려 한다는 내용의 편지를 보내왔다. 이런 끔찍한 일을 저지르는 모든 사람이 병자는 아니며, 일부는 계획적인 악마라 할 수 있다.

내 경험에 따르면 어떤 사람은 이 책에 강하게 반응할 것이다. 내 마음은 이런 독자들에게 쏠린다. 다른 사람에게 상처를 받아왔던 사람은 화가 날지도 모른다. 자신이 '지능적인 정신 폭력자(Invalidator)'라고 인지하는 사람은 슬프거나 양심의 가책을 느낄 것이다. 자기감정을 믿어라. 슬프면 눈물을 흘려라. 화가 나면 화를 내라. 가슴에 담고 있지 마라. 그것을 표출하라, 물론 적절하게. 이것들은 감정이라는 사실을 기억해라. 다른 누구에게 당신의 이런 감정에 대한 책임을 떠넘기지 마라. 설령 비난받아 마땅한 사람이라도 남을 탓하고 비난하는 것은 도움이 되지 않는다. 알다시피 비난은 당신의 힘을 빼앗아 가는 것이다.

| 이 책을 간단히 말한다면 |

이 책은 '지능적인 정신 폭력(Invalidation)'이라고 불리는 특정현상과 관련 있는 일부 사람들에 관한 책이다. '지능적인 정신 폭력'은 비천한 자존심, 정신적 불안, 그리고 총체적으로 행복하지 않은 것이 주요 원인이라고 할 수 있다. 이것을 염두에 둔다면, 이 책은 과거에 당신이 읽어왔던 그 어떤 책보다도 가장 중요한 정보를 담고 있으며, 당신의 삶을 의미 있게 바꿀 수 있다는 것을 알 수 있을 것이다. '지능적인 정신 폭력(Invalidation)'은 우리 모두에 의해 사회에 퍼지고 있다.

단지 1%의 사람만이 고의적으로 남을 조종하고 지배하기 위해 이 비극을 사용한다. 20%는 반 무의식적인 방어 수단으로써 이것을 이용한다. 그 나머지 우리 대다수는 종종 무의식적이며 고의성 없이 이것을 이용한다.

'지능적인 정신 폭력' 행위는 다양한 사회에서 다소간 차이를 보이며 존재한다. 이런 행위가 거의 없는 사회일수록 사람들은 더 행복하다. 예를 들면, 필리핀은 인구에 비해 자연자원이 풍부하지 않은 가난한 나라이다. 그러나 그들은 경쟁적으로 남을 짓밟고 오르기 보다는 다른 사람을 칭찬하는 것이 사람들이 가지고 있는 하나의 덕목이다. 그곳에서 나는 '다른 사람에게 상처를 입히는 행위'를 아주 극소수만 목격했다. 가난에도 불구하고, 대부분의 사람들은 마음이 따뜻하고, 가진 것이 적은데도 불구하고 인색하지 않았다.

필리핀 사람들은 다른 사람을 공격하고 헐뜯는 사람을 존경하지 않는다. '지능적인 정신 폭력(Invalidation)'은 한 사람이 다른 사람을 정신적으로 상처 입히거나, 상처 주려고 하는 사람을 설명하기 위해 이 책에서 내가 이름 붙인 용어이다.

'다른 사람에게 상처를 입히는 행위(Invalidation)'는 등 뒤에서 공격하는 것에서부터 혀를 쯧쯧 차는 행위에 이르기까지 그 범주가 다양하다. 날카롭게 쳐다보는 것도 '지능적인 정신 폭력' 일 수 있으며, 주먹질하는 것도 마찬가지이다. 보통 이것은 상처를 일으키는 교묘하고 '지능적인 정신 폭력' 이다. 주먹질하는 것은 분명히 상처를 주는 행위이지만 이것은 치료가 된다. 하지만 자존심에 대한 정확하고 적절한 시간에 콕 집어 공격해서 입은 상처는 평생을 두고 지속된다.

일생동안 행복할 수 있는 사람의 능력을 파괴시키는 것은 한 사람이 다른 사람에게 할 수 있는 신체적인 상처보다 훨씬 나쁘고 가혹한 짓이다. '지능적인 정신 폭력' 이 자주 발생하는 주된 이유는 그것이 단기적으로 효과가 있기 때문이다. 주먹질은 분명해서 보복을 당할 수 있지만, 정신적인 공격은 그 피해자에게 상처를 주고 맘대로 조종하지만 눈에 띄지도 않고 처벌당하지 않기 때문에 '지능적인 정신 폭력' 은 효과가 있다. 그렇다면, 이 '지능적인 정신 폭력' 의 진행과정이 백일하에 드러나면 어떻게 될까?

그 옛날 세균은 우리 눈에 보이지도 알려지지도 않았다. 하지만 파스퇴르(Pasteur)가 우리 온몸에 돌아다니고 있는 작은 세균을 발견했을 때 사람들은 분노했다. 사람들은 파스퇴르를 멀리했으며 이단자라 불렀다. 온몸을 기어 다니고 있는 우리가 볼 수 없는 작은 벌레를 아무도 떠올리고 싶어 하지 않았기 때문이다. 오늘날 파스퇴르와 많은 생물학자의 공으로 세균의 존재가 세상에 알려졌으며, 박멸됐다.

이와 같은 상황을 유추해 볼 때 같은 이유로, '지능적인 정신 폭력' 을 부정한다고 해서 아무것도 해결되지 않는다. 이를 멀리 하는 것도 도움이 되지 않는다. 교묘하게 숨어있는 '지능적인 정신 폭력' 을 치료하는 것이 쉽지는 않지만 세균을 다루는 것보다는 훨씬 더 쉽다. 우리는 항독성 혈청(invent antitoxins)이나 페니실린(penicillin)을 발명해 낼 필요가 없기 때문이다. 치료에 있어 가장 큰 부분은 '지능적인 정신 폭력' 을 목격했을 때 이를 지적하는 것이다. 발견되지 않고, 이의가 제기되지 않은 채 남아있다면 '지능적인 정신 폭력' 에게 힘을 실어주게 된다.

그러나 '지능적인 정신 폭력' 은 스스로 '다른 지능적인 정신 폭력자' 가 폭력을 행사하도록 허락한다. 이런 사람은 '지능적인 정신 폭력자' 만큼이나 책임이 있다. 평가 절하하는 공격을 인식하고, 방향을 전환시켜 진정시키는 법을 배우는 것이 우리 모든 사람의 의무이다.

만일 '지능적인 정신 폭력(Invalidation)' 이 작동하지 않는다면 아무도 그것을 이용할 수는 없다.

심리학책에는 많은 이론들이 담겨져 있다. 쓸모 있는 유용한 이론인지 아닌지 판단 기준이 되는 것은 실제 적용이 가능하냐 아니냐이다. 파스퇴르 이론은 아직도 많은 책에 등장하고 있다. 만일 그의 아이디어가 과학적인 실험을 거쳐 혁명적으로 실용화되지 않았다면 역사적으로 그리 부각되지는 않았을 것이다. 가장 흥미 있는 새로운 발상도 그것을 사용하여 아무것도 변화시키지 못한다면 쓸모가 없는 것이 된다. 내가 제시하는 문제를 바라보는 접근과 시각은 수십만 명의 사람에게 효과가 있었다. 따라서 나는 독자 여러분에게도 이 새로운 방식의 접근과 시각이 도움이 될 수 있기를 바란다.

nasty people **1**

지능적인 정신 폭력자(Invalidator)

> 일상적으로 작은 히틀러는 우리 주변에 매일 존재한다.
>
> – 로버트 페인 –

'지능적인 정신 폭력자' (Invalidator : 다른 사람을 지능적으로 무력하게 만드는 정신적인 폭행자, 혹은 다른 사람을 정신적으로 심약하게 만들어 상처를 입히는 사람 등–사전에는 없는 단어로 저자가 만들어낸 것임. 이 책에서는 독자들의 이해를 돕기 위해 단순히 '지능적인 정신 폭력자'라고 통일한다.<역자주>)를 한눈에 알아보기란 힘들다. 왜냐하면 정말 훌륭한 '지능적인 정신 폭력자'는 당신의 논리

적 사고의 주도면밀함을 교묘히 빠져나가기 때문이다. 그의 희생자는 이유를 모른 채 나쁜 감정을 느끼게 된다. '지능적인 정신 폭력자'는 교묘하게 일을 처리하므로, 그 피해자는 가끔씩 기분이 나쁘다는 것 외에는 그다지 아무것도 의심하지 않는다.

'지능적인 정신 폭력자'는 사실 다른 사람에게 열등감을 느끼는 사람이다. 그래서 그는 다른 사람을 스스로 하찮고 부족한 사람이라고 느끼게 만들려고 한다. 그리고 그는 그 희생자를 자기 노예로서 조종하고 지배하려고 한다.

혹시 이러한 사람을 예전에 만나 본 적이 있는가?

이런 사실을 알든 모르든 간에 일찍이 여러분은 그런 사람을 만난 적이 있을 것이다. 한 사람 혹은 그 이상의 여러 '지능적인 정신 폭력자'를 만났으리라 생각한다.

'지능적인 정신 폭력자'는 우리 자존심을 깎아내리기 위해서 강압적인 수단(mechanism : 심리과정)을 사용한다. 그들은 우리 스스로 자랑스럽게 느끼는 면들을 칭찬하고 띄워주다가, 조금 지나면 부정적인 암시나 풍자를 통해 비꼬아댄다. 그들은 우리 스스로가 생각하고 있는 단점을 간파해낸다. 그리고 가장 감정적으로 상처 받을 때가 언제인지를 파악하고서 계산된 시점에 그 단점들을 활용해 우리를 공격한다.

'지능적인 정신 폭력자'는 우리가 굴복할 때까지 지속적으로 우리를 해체시키고 무기력하게 만든다. 그들은 누군가를 지배하고 조종해야 한다. 왜냐하면 다른 사람들이 자기보다 우월하다고 생각하고 있기 때문이다. 그들은 "일부 진실(some truth)"이 담긴 비난의 말들을 "진실하게(in all honesty)", "친구로서(just being your friend)", "너를 돕기 위해서(to help you)"라는 말을 덧붙여 도와준다는 명목으로 퍼붓는다.

'지능적인 정신 폭력자'와 진정한 친구의 차이점은 이렇다. 진정한 친구는 우리가 가지고 있는 좋지 않은 면을 말해주고는 그것에 관해 생각할 시간을 주기 위해 뒤로 물러나 기다려 준다. 반면에 '지능적인 정신 폭력자'는 우리가 갖고 있는 많은 결점들을 늘어놓는데, 그것은 이 책 마지막 문장의 끝에 찍힌 마침표만큼이나 오랫동안 길게 지속된다.

'지능적인 정신 폭력자'는 당신이 갖고 있는 가장 중요한 자질을 골라내서 당신에게 보여주고 그것을 갈기갈기 찢어버린다. 그들은 우리 이야기에 귀 기울이고 우리 자신이 생각하는 단점과 불만을 공유한다. 그러고 나서 우리를 공격할 때 공유했던 이러한 정보들을 사용한다. 그들은 이런 식으로 우리가 미처 깨닫지 못하는 사이에 교묘한 방식으로 모든 것을 행한다.

만일 '지능적인 정신 폭력자'가 무슨 일을 하고 있는지 당신이 눈치 채고서 정면으로 맞서면 이렇게 말할 것이다.

"아니, 왜 그래! 알잖아, 내가 널 아끼는 거. 난 네 친구잖아. 왜 그런 바보 같은 생각을 해?"

정말 그는 당신을 사랑할 수도 있다. 그는 정말로 당신의 친구가 되기를 원할 수도 있다. 그러나 오직 그가 바라는 조건에서만, 그리고 오직 그가 당신을 완전히 지배하고 조종할 수 있을 때에만 가능한 얘기이다.

'지능적인 정신 폭력자'란 교묘하게
당신의 자존심을 깎아내리고,
무기력하게 만들어, 결국 당신을 굴복시키는 사람이다.

'지능적인 정신 폭력자'가 말하는 의도를 의심하여 공격하면 자기에 관해 그런 식으로 생각했다는 이유로 당신을 바보로 만들 것이다. 그들은 당신에게 죄책감을 심어 주거나, 당신을 치사한 사람으로 만들 것이다. 당신 친구 앞에서 당신을 쓸모없는 하찮은 사람으로 만든다고 자기를 비난했다며 당신을 비난하고 화를 낼 수도 있다. 당신을 좀더 쓸모없고 무기력한 사람으로 만드는 어떤 일이 가능하다면 그들은 그렇게 할 것이다. 만일 당신이 정말로 그들이 무엇을 하는지 알아채고 있다는 생각이 들면 사과를 하고, 그러고 나서 당신이 더 이상 의심하지 않을 때까지는 꼬리를 감추고 적어도 다시는 공격하지 않을 것이다.

간단히 말해서 '지능적인 정신 폭력자'는 당신을 지배하고 조종하는 데 필요한 것이 있다면 그 무엇이든 한다. 그들은 남을 지배하고 조종하고 싶어 안달한다. 만일 자기가 누군가 위에 서서 조종하고 있지 않으면 두려워한다.

'지능적인 정신 폭력자'의 초상화

가장 유명한 '지능적인 정신 폭력자' 중 한 사람을 꼽으라면 당연히 아돌프 히틀러(Adolf Hitler)이다. 그는 아주 전형적인 '지능적인 정신 폭력자'였다. 그는 재주가 뛰어난 사람이었다. 그는 아름다운 그림을 그렸던 화가였고 글을 잘 쓰는 작가였다. 정규군으로 군에 복무 중일 때 동료의 목숨을 구하기도 했다.

히틀러는 개들도 끔찍이 아끼고 사랑했으며, 에바 브라운(Eva Braun)이라는 한 여인을 열렬히 사랑하기도 했다. 그리고 다음과 같은 아름다운 문장도 남겼다.

> 1914년 군대에 자원입대한 이래, 나는 세계대전에 참전하여 조국을 위해 싸웠다. 그리고 30년이라는 기간 동안, 나는 국민에 대한 사랑과 국민에 대한 충성심, 이것이 모든 내 생각과 행동, 그리고 내 삶을 이끌어 주는 원동력이었다. 이러한 사랑과 충성심이 죽음을 무릅쓰는 일과 같은 내게 가장 어려운 결정을 내리는 데 힘을 주었다. 나는 그동안 내 시간과, 일에 대한 기력과, 내 건강 모든 것을 이를 위해 바치고 소진했다.

나를 비롯한 독일인 그 어느 누구도 1939년의 전쟁은 결코 바라지 않았다.

그는 말로만 그런 것이 아니라 실제로 그의 약속을 지키며 살았다. 그는 자기 말이 믿을 만하다는 것을 보여주며 독일을 경제 불황의 늪에서 빠져 나오게 했다. 사람들은 그의 말을 믿었다. 그는 결코 비난받을 사람이 아닌 것 같아보였다. 그는 올곧은 사람이었다.

그는 얼굴을 마주 보는 상태에서 사람을 직접 죽인 적이 한 번도 없었지만 부하를 시켜 사람을 죽였다. 유대인이 학살된 광경을 보고 그는 진절머리를 쳤으며, 겨우 한 번 정도 제대로 눈길을 줄 수 있었을 뿐이었다.

그는 자기가 하는 일을 진실이라고 믿었다. 히틀러는 권력을 얻기 전 자살을 시도한 적이 있었지만 그를 아꼈던 직속장교가 목숨을 구해주었다. 만일 우리가 히틀러를 직접 만난다면 참으로 매력적인 인물이라는 생각을 할 정도이다. 그리고 그가 어떤 재앙과 비극을 초래할 수 있는 인물이라고는 결코 상상조차 할 수 없을 것이다.

다음 구절은 로버트 페인(Robert Payne)이 쓴《아돌프 히틀러의 삶과 죽음(The life and death of Adolf Hitler)》이라는 글에서 발췌한 내용이다. (이태리체로 표기된 부분은 저자가 상소하기 위해 일부러 표기한 것이다)

히틀러는 *자기 의도나 목적에 부합되지 않는 세계*의 모든 것을 파괴하고 파멸시키기로 마음먹은 최고 파괴자였다.

그러나 너무나 많은 사람들의 피를 흘리게 했고, 무자비했던 그였지만 죽은 자나 죽어가는 사람을 감히 쳐다볼 수조차 없었다고 한다. 그는 한번도 군인병원을 방문한 적도 없었고, 손발이 잘려나간 불구자와 부상자, 눈을 잃은 사람에게 *그 어떤 동정심도 표현한 적이 없었다*.

그는 수백만 명의 사람이 제정신을 잃게 만들었고, 자기가 만든 강제 수용소에서 수백만 명을 죽게 하였다. 그는 자기가 이 세계에 저지른 고통에 대해 그 어떤 개념도 없었다. 만일 가지고 있었다고 하더라도 큰 차이는 없었을 것이다. 그는 폭탄으로 폐허가 된 마을을 여행 차 지나갈 때, 자기가 초래한 파괴의 현장이 자신의 결의를 약하게 만들까 두려워서 차창을 닫았다. 닫힌 창문 뒤 어둠 속에서, 세상과 동떨어진 마치 무덤 속에 있는 것 같은 상태에서, 그는 *이해한 적이 한번도 없었고, 이해하려고 원해본 적도 없는* 세계를 공포의 도가니로 몰아넣었다.

그는 특히, 천사 같은 순수한 눈으로 하늘을 올려다보고 있는 자기 초상화를 좋아했다. 또한 반짝반짝 윤이 나는 군복으로 무장을 한 초상화도 좋아했다. 목소리는 선동적이고 *논리적*이었으며, 만일 그가 전제로 했던 말대로 되었더라면 그의 언변과 논리는 *비난할 여지가 없는 것*이었다. 그는 사람들을 지배하는 절대적인 자기 권위를 믿었다. 지금 현재에도 그가 여전히 우리 주변을 걸어 다니고 있기 때문에 그의 존재에 대해 우리는 너무나 잘 알고 있다. 우리가 히틀러에 대해 히틀러들이라고 복수형으로 말하지 않는 것이 이상할 정도이다.

작은 히틀러들이 매일 우리 주변을 돌아다니고 있다. 권력을 향한 목마름과 갈증을 제외하면 모든 것에는 무관심한 채 공약으로 우리를 괴롭히고, 우리의 나약함을 파고들며 기뻐하고, 우리에게 신뢰와, 투표(동의)와, 우리의 생명을 강요한다.

다른 사람의 삶을 지휘하고 명령하기 위한 권력은 자기

에게 불충분한 인간성의 결여에 위안을 준다. 이런 종류의 사람들은 권력을 가져야 한다. 그렇지 않으면 사라진다. 그들이 권력을 잘못 사용하거나, 권력을 움켜잡으려는 노력으로 다른 사람을 깔아뭉개는 것이나 그들에게는 매한가지이다.

이제 여러분도 알았겠지만 '지능적인 정신 폭력자'는 특히 권력의 자리에 오르게 되면 악한 본성을 드러낸다. 그리고 그들은 사람과 일들을 통제하고 조종하려는 강박관념에 사로잡혀 있는 "작은 히틀러들(little Hitlers)"이기 때문에 항상 권력의 자리에 오르려고 애를 쓴다.

더 영리한 '지능적인 정신 폭력자'일수록 정말로 절대적인 힘이 필요하다고 느낄 때까지는 자기 힘을 사용하지 않는다. '지능적인 정신 폭력자'는 아주 오랫동안 정말로 친절한 사람처럼 보이게 만든다. 그러다가 승진이나 이권이 관련되어 당신과 경쟁국면에 돌입하게 되면 본성을 드러내기 시작한다.

여러분이 무슨 일이 일어났는지 미처 알아차리기도 전에 승진결정권이 있는 상사를 몰래 뒤로 찾아가 그 앞에서 당신을 욕하고 씹는다. 물론 탄로 나기 전까지는 계속해서 좋은 친구

'지능적인 정신 폭력' 표본은 히틀러이다.
그런데 21세기, 우리들이 살아가는 대한민국에
'작은 히틀러' 들이 깽판을 치고 있다. 우리를 괴롭히고,
우리의 나약함을 파고들며 기뻐하고 있다.

인 척 남아있을 것이다. 더 나아가 왜 여러분이 승진해서 그 일을 맡기 원하지 않는지 그럴듯한 이유까지 만들어 낼 것이다.

이것은 완전히 당신을 파멸시키고자 하지 않을 때 그가 할 수 있는 최소한의 배려인 것이다. 그러고 나서 그는 오랫동안 주위 사람들이 당신에 대해 나쁜 인상을 갖도록 만들 것이다. 그를 믿고 당신이 평소에 그에게 말해주었던, 그리고 당신이 얘기할 때 참을성 있게 당신의 이야기를 들어주었던 바로 그 정보를 가지고 그런 일들을 도모할 것이다.

여러분은 일찍이 '지능적인 정신 폭력자' 일 가능성이 있는 상사를 만난 적이 있을 것이다. 그때 어떻게 그들의 투망을 벗어나서 대처해야 할지 알 수 없었을 것이다. 그래서 다음 장에서는 '지능적인 정신 폭력자' 가 즐겨 사용하는 방법들에 관해 다뤄보려고 한다.

철저하게 읽어라. '지능적인 정신 폭력자' 가 사용하는 방법이 많이 있지만 그들을 조종할 수 있는 방법도 많다는 사실을 명심하라. '지능적인 정신 폭력자' 를 잘 다루는 순간은 다른 출구(出口)를 찾아서 출발하는 순간이기도 하다.

이 책은 '지능적인 정신 폭력자' 를 다루는 방법이 요리책처럼 자세하게 명시되어 있지는 않다. 그렇기 때문에 이 책은 분량이 많지 않은 것이다. 무엇보다도 먼저 '지능적인 정신 폭력자' 가 행하는 본질과 본성을 알아야 하고, 그 다음에 여러분 방식대로 조종할 수 있어야 한다.

이 책을 통해서 나는 그들을 어떻게 다뤄야 하는지 그 방법에 관한 몇 가지 실제 상황과 그 실례를 제시할 것이다. 그러나 한번 그 과정을 경험하면, 어떻게 그들을 다루는 것이 최선인지 여러분 스스로 그 방법을 찾아야 한다. 당신 자신의 성격과, 기질, 도덕에 맞는 전략을 발전시켜 나가야 한다.

‘지능적인 정신 폭력자’가 사용하는 수단과 방법

‘지능적인 정신 폭력자’는 불확실성(uncertainty), 주관의 객관화(projection), 일반화(generalization), 판단(judgement), 조작(manipulation), 교묘한 공격(sneak attack), 이중 메시지(double message). 소통단절(cutting communication), 칭찬하기(building you up), 깎아 내리기(cutting you down), 그리고 이중 속박(double bind)과 같은 많은 방법을 사용하여 사람을 조종한다. 이제부터 이러한 방법들을 좀더 자세히 살펴보자.

불확실성 상태에 가두기

‘지능적인 정신 폭력자’가 사용하는 하나의 방법은 끊임없는 불확실성 상태에 당신을 가둬 놓는 것이다. 만일 그런 사람이 여자라면 그녀는 당신에게 확답을 거의 주지 않는다. 다만 모호한 답변을 할 뿐이다. 당신의 상황 적응력이 실패하기 시작할 때까지, 오랜 기간에 걸쳐 주변상황을 반신반의하게 느끼도록 만든다. ‘지능적인 정신 폭력자’는 여러 다각적인 방법으로 이러한 상황을 만들어낸다.

예를 들면, ‘지능적인 정신 폭력자’가 갑자기 사려 깊고, 사랑스러우며 아주 기분 좋게 여러분을 대한다. 이러한 상태는 여러분이 그녀를 완전히 신임할 때까지 지속된다. 그러다가 갑자기 단 한번 변화의 바람으로 다시 한번 비난이나 빗댐이나 절제된 분노를 언뜻 내비치는 방법으로 당신을 불확실성에 빠뜨린다. 그러면 당신은 분명히 이렇게 말할 것이다.

"무슨 일이야? 우린 잘 지내왔잖아."

그말을 듣고 '지능적인 정신 폭력자'는,

"무슨 일이라니? 뭐가 잘못됐어?"

라고 대꾸하며, 딴청을 피운다.

"당신답지가 않잖아."

이렇게 말하면 그녀는 이런 식으로 대답한다.

"뭐라구?!" (눈에 심지를 켠다.)

"정말! 미치고 펄쩍 뛰게 만드는군! 다음번에 무슨 일로 트집을 잡을지 알 수가 없군."

그러면 그녀는 당신이 한 말을 자조적이며 조롱하듯이,

"무슨 일이냐고? 별 문제 없었잖아."

하고 이 말만 되풀이한다.

거기서 당신은 불확실성에 쌓이게 되고 다시 당신이 좋아하는 '지능적인 정신 폭력자'의 객관화에 갇히게 된다. 그러면 당신은 혼자 생각에 휩싸인다. “세상에, 정말로 그녀는 모르고 있었는지 몰라.” 이렇게 생각을 하든지 아니면, “나에게 문제가 있는 건지도 몰라. 아마 내가 너무 신경이 곤두섰나봐. 내가 정신이 잠깐 나갔는지도 몰라.” 이렇게 생각하게 된다.

그리고 바로 그 순간, ‘지능적인 정신 폭력자’는 사랑스럽기 그지없고 염려스러운 눈빛으로 당신을 쳐다보며 말한다.

“아니, 여보. 의사를 만나 보는 게 어때요, 요즘 당신답지 않게 행동하네.”

‘지능적인 정신 폭력자’는
언제나 당신을 불확실성 상태에 가둬놓는다.
그렇게 되면 자기가 제정신이 아니라는
의심을 하게 되고
결국 상대방을 더욱 의존하게 된다.

아주 근심어린 시선으로 당신의 머리를 만지며 덧붙인다.

"내일 병원에 가서 상담을 받아보죠."

그러고 나서 바로 몸을 돌려 소파에 등을 기대고 앉아 신문을 읽는다. 그러면 당신은 다시 이런 생각을 하며 안심한다.

"최근 들어서 내게 참 잘 해주고 있어. 새 차를 사게 허락해 주었고, 나를 사랑한다고 했어. 한 달 동안 내가 얼마나 멋지고 대단한 사람인지 말해줬잖아."

한 동안(일주일이든 한 달) 만사가 제대로 잘 진행된다. 그러면 불가피하게 당신은 그녀를 완전히 믿게 되고, 그녀는 다시 비난과, 암시와, 분노로 당신을 몰아붙인다. 그녀는 불확실성이라는 지겨운 감정 속에 당신을 가둬놓는다.

옛 흑백영화에서 주인공으로 나온 데이빗 니븐(David Niven)은 부인을 사랑하는 척 하는 인물인데, 남편의 사랑에 대한 확신이 없던 부인이 결국 자기가 제정신이 아니라는 의심을 하게 된다. 이러한 상황은 그녀를 점점 더 그에게 의존적으로 만들어 남편이 그녀를 마음대로 조종하게끔 만든다.

가끔은 한 인간이 실제로 이러한 종류의 일을 다른 인간에게 할 수 있다는 게 믿기 힘들다. 자신의 세 명의 남편에게 길고도 고통스런 죽음을 참고 견뎌야 하는 치명적인 독을 은밀하게 음식에 넣어 독살 시키는 여자도 있다. 보험금과 재산을 차지하기 위해 이런 짓을 저지른다. 이런 일은 종종 일어나고, 이런 사람들은 감옥에도 가지 않는다.

객관화 : 다른 사람에게 책임전가하기

객관화는 심리학적 계략이라는 말로 더 단순하게 설명될 수 있다. 이는 '지능적인 정신 폭력자' 가 사용하기 가장 좋아하는 도구이다. '지능적인 정신 폭력자' 는 자기의 좋지 않은 감정상태를 다른 사람 책임으로 전가시킨다. 마치 이러한 감정이 다른 사람에게서 시작된 것처럼 말이다. 객관화는 하나의 객관화 그 이상의 것이다.

예를 들면, 당신을 좋아하지 않는 한 사람이 이렇게 말한다.

"당신은 날 좋아하지 않는다고 생각해요."

이런 말을 들으면 당신은 의아해 하며 정말 그런가하고 자신에게 질문할 것이다. 이 말을 곰곰이 되씹으면서 다른 사람의 감정을 주의 깊게 관찰하는 대신에 자신의 감정을 들여다보기 시작한다. 이것은 상대방에게는 자신의 감정을 감출 수 있는 좋은 기회를 준다. 비난하는 행위는 종종 그가 스스로 한 짓들에 대한 책임을 당신이 지도록 부과한다.

다른 사람의 부정적인 감정이나 나쁜 짓을 심하게 공격하던 사람이 종종 사고나 언행에서 똑같은 잘못을 저지르는 게 참으로 아이러니가 아닌가? 당신이 하지도 않은 일을 가지고 상대방이 당신을 공격할 때는 실제로 당신에 대한 것보다 상대방 자신에 관계된 것이 더 많다고 할 수 있다.

예를 들어, 내가 헌신적인 남편인데 내 아내가 남편인 내가 자기를 속이고 부정행위를 한다고 비난하기 시작한다면 그녀가 이미 그와 같은 생각이나, 말 또는 행위를 하고 있음을 확연히 알 수 있는 것이다. 따라서 그들의 객관화를 이용하여 사람들의 광범한 생각과 행위를 알아낼 수 있다. 주의 깊게 들어라.

일반화로 몰아세우는 것을 조심하라.

일반화로 몰아세우는 것을 조심하라. '지능적인 정신 폭력자' 는 종종 일반화를 사용하는데, 일반화란 단순하고 조그만 진실들을 부풀려 과장하는 것이다. 이 일반화 논리에 더 많은 사실이 첨가되면 될수록 더더욱 과장되는 경향이 있다.

예를 들어, 일을 마치고 집으로 돌아왔을 때 당신의 배우자가 아마 이렇게 맞이할 수도 있을 것이다.

"당신은 참 분별없는 사람이군요." (이 말을 번역하면, '우유 사

오는 걸 잊었잖아요.' 이다)

"당신은 책임감도 없어요." (우유 사오는 걸 잊었잖아요)

"당신은 바보 멍청이야." (우유 사오는 걸 잊었잖아요)

아내는 진짜 문제 대신에 당신의 자존심을 공격한다. 문제는 우유가 없다는 것이다. 하지만 진짜 문제는 당신이 분별없고, 무책임하고, 바보 멍텅구리가 아니라는 사실이다. 설령 당신이 바보 같은 사람이 아닐지라도 이 상황에서 당신이 무엇을 할 수 있겠는가? '바보 같다'는 추궁에 대한 문제를 어떻게 해결할 수 있다는 말인가? (만일 가정해서, 당신이 우유를 사오기 위해 가게로 되돌아가면 당신의 지능지수가 순식간에 엄청 뛰어오를 수 있을까!)

이처럼 일반화의 논리를 펴는 사람은 다른 사람을 손에 넣어 조종하기 위함이다. 이것은 성별의 문제일 수도 있다. 여성은 깜빡 잊고 우유를 안 사온 것과 관련해, "당신은 참 무책임해요!" 라고 말한다. 그럼 남자는 그 말을 듣고 자존심에 심한 상처를 입는다. 비록 그 말이 말 그대로가 아니고, 그렇게 강한 의미가 아닌데도 문자 그대로 일반적으로 그 말을 해석한다.

판난과 판결은 자존심에 대한 공격

앞서 내가 제시한 예는 일반적인 의미든 아니든 간에 '지능적인 정신 폭력자'가 사용하는 방법 중 하나인 "판단"이 포함되어 있다.

"당신은 참 무책임해요!" 라고 말한 사람은 당신에게 이미 판결을 내린 것이고, 더 나아가,

"모든 사람은 당신이 무책임하다는 말에 동의할 거예요. 분명 그럴 거예요."라는 뜻을 함축하고 있다. 그리고 당신이 또한 우유 사오는 것을 깜빡한 게 책임감 없는 행위였다는 것을 인정하게 된다면 아마도 당신은 자기가 무책임한 사람일지도 모른다는 가정을 하게 될 것이다. 특히 당신이 부주의로 그런 실수를 자주 저지른다면 당신은 의구심을 갖고 자신을 의심하게 된다.

상대방의 감정에 정말로 책임감을 느끼는 사람이라면 이렇게 말할 것이다.

"난 당신이 집에 우유를 사오지 않아 화가 나요."

하지만 '지능적인 정신 폭력자'는 모든 사람이 자기 판단에 동의하는 것처럼 행동한다. 이렇게 함으로써 '지능적인 정신 폭력자'는 진짜 문제 대신에 당신의 자존심을 공격한다.

이것은 간단한 설명 같지만 아마도 일반화와 판단이 정말로 당신에게 행해질 때 몇 번이고 생각해봐야 할 일이다. 특히 당신에 대한 판단이 사랑하거나 존경하는 사람에 의해 이뤄질 때 고려해 볼 여지가 많다.

만일 당신 자신이 바보거나, 무책임하거나, 또는 '지능적인 정신 폭력자'가 당신에게 갖다 붙이는 부정적인 특성을 가지고 있지 않다고 생각한다면 당신은 이 판단행위에 분노할 것이다. 결국, 그가 당신에 대해 그렇게 생각하길 원하지 않으며, 그래서 그를 이해시키려고 노력할 것이고, 그를 기쁘게 하고, 상대방이 당신에게 갖다 붙인 유쾌하지 못한 특성을 제거하기 위해 애쓸 것이다. 물론 그러는 동안 내내 그 사람은 상황을 쥐고 흔들 것이다.

조작 : 부정적 의미의 통제

조작은 부정적 의미에서의 통제이다. 좋은 의도에서의 통제라는 것도 있다. 좋은 통제는 도덕적으로 좋은 의미인 "제발요.(please)"나 "고마워요.(thank you)"와 같은 사교적인 표현이 동반된다.

'지적인 정신 폭력자'는 통제의 마침표를 원한다. 좋은 통제가 실패하면 나쁜 통제방법을 사용한다. 만일 일상적인 방식이 실패하면 이기거나 통제해야 하기 때문에 '지능적인 정신 폭력자'는 사악하고 은밀하거나 공공연한 방식을 사용한다.

당신은 종종 상대방이 자기 방식대로 하도록 내버려 달라고 압박을 받을지도 모른다. 그 사람은 조작이라는 은밀한 방식이나 통치(지배)라는 노골적인 방식을 사용할 것이다. '지적인 정신 폭력자(invalidator)'를 다른 말로 정의하자면 조작자(manipulator)라고 할 수도 있다.

여기 하나의 좋은 예가 있다. 당신의 상사가 야근하길 원한다고 하자. 때마침 당신은 아들의 야구팀에서 코치를 맡고 있어서 야근을 할 수 없다고 말한다. 그럼 상사는 일을 위해서 당신이 정말 있어주어야 한다고 설득한다. 그럼 당신은 지난주에 20시간 잔여 근무를 한 사실을 상기시킨다.

그는 그 시간 동안 일해서 받은 잔여수당에 만족했기를 바란다며 당신이 회사에 헌신하는 차원에서 일을 하지 않았음을 암시한다. 다만 그 잔여수당만을 원했던 것이 아니냐고 비웃듯이 말한다. 사실 당신은 상사를 도와주려는 목적으로 그 일을 했던 것인데도 말이다. 그러면 자신이 한 노력에 대한 더 낮은 동기, 즉 돈 때문이 아닐까 하고 당신 스스로 불안한 느낌이

들게 된다.

상사가 당신이 한 일을 고마워하지 않으며 당신을 이해하고 있지 않음을 깨닫는다. 상사는 계속 잔여업무 수당을 받는 일은 기분 좋은 일이겠지만, 오늘은 정말로 당신이 필요한 날이라고 말한다. 당신은 상사에게 미안하지만 아이들이 야구장에서 자기를 기다리고 있으며 그들을 실망시킬 수 없다고 말한다.

그럼 상사는, 사람은 원래 항상 다른 사람을 실망시키는 법이라며, 정말로 당신이 필요할 때 한 사람을 실망시키면 언젠가 당신 자신이 그 사람 때문에 실망을 느끼게 될 거라고 말한다.

상사는 당신이 현재 해야 할 일을 잊고 상사가 원하는 일을 할 수 있게 만들기 위해 더 큰 그림(직업 안정성, 승진 등)에 관한 생각을 하도록 당신을 압박한다. 만일 그가 "십자군 전사(crusader)"형 보스라면 언제나 직원들이 야근하기를 기대할 것이며, 직원들이 그를 위해 무엇을 해주었던 간에 그는 다음 업무평가 때 그를 실망시켰던 한번의 일만을 기억할 것이다.

"십자군 전사"형 상사는 모든 것을 자기 몫으로 가져간다. 만일 당신이 야근을 한다면 본인의 설득력이 아주 강했기 때문이라고 평가한다. 만일 그 부서가 좋은 성과를 거두면 본인이 부하 직원들을 잘 이끌었기 때문이라고 말한다. 이런 유형의 상사라면 더 이상 많은 것을 기대하지 마라.

그는 당신이 죽어 지쳐 쓰러질 때까지 부려먹고, 모든 공은 자기 것으로 돌릴 것이다. 그가 이처럼 과하다 싶을 정도로 행동하는 것은 직원들이 자기 이익을 위해 일을 한다고 믿기 때문이다. 결국 그는 이렇게 말할 것이다.

"그래, 자넨 아이와 함께 야구를 하게나. 하지만 월급 인상은 기대하지 말게. 왜 그런 줄 아나? 앞으로 월급을 더 이상 받지 않게 될 테니까."

교묘한 공격을 부드럽게 한다.

"당신을 화나게 하고 싶진 않지만…."(상대방은 당신을 화나게 만들고 싶은 거다)

"끼어들어 방해하려던 게 아닌데…."(분명 방해하고 있다!)

"당신 하는 일에 초를 치고 싶지 않지만…."(어! 과연 그럴까?)

"그건 맘 쓰지 말아요…." (귀찮아, 이제 그만, 지긋지긋해!)

"모욕감을 주고 싶지 않지만…." (자, 이제 널 모욕하겠다!)

교묘한 공격을 해대는 '지능적인 정신 폭력자'의 목소리는 아주 부드럽다. 얼굴에는 근심의 빛이 가득하다. 그가 사용하는 말은 달콤하지만 말 속에는 날카로운 날이 서 있다. 그가 놀리는 혀는 강력한 무기이자 날카로운 칼이 된다.

이중 메시지

이중 메시지를 구사하는 '지능적인 정신 폭력자'가 "어떻게 지내요?"라고 말을 건넸다고 하자. 하지만 그 말에는 약간 뒤틀린 의미, 즉 불쾌한 목소리가 담겨져 있다.

"이봐, 웬 참견이야." 하고 대답하면 그는 자기가 한 거라곤 당신 안부를 물은 게 전부인데 당신이 그걸 안 받아들이는 이유는 당신 기분이 안 좋은 상태일 거라며 주위 사람들에게 순진한 척 말할 것이다. 그는 결코 직설적으로 말하진 않지만 당신을 위한 변명을 늘어놓으면서(아량도 참 넓다!) 당신이 진짜 못된 놈이라고 빙 둘러서 말한다.

이중 메시지가 어린시절의 자기부정(자기회의), 불확실성, 불안에 기인한다는 것은 이미 잘 알려진 사실이다. 자식에게 "널 사랑한다."고 말한 다음, 아이가 품에 안기면 매몰차게 구는 어머니는 아주 파괴적인 이중 메시지를 보내고 있는 것이다.

당신은 '지능적인 정신 폭력자'로부터 이와 같은 이중 메시지를 많이 받을 것이다. 그러나 그 메시지는 아주 명확하지가 않다. 보통, 당신은 이유도 전혀 모른 채, 이상하거나 기분이 상하는 느낌을 받을 것이다.

예를 들면, 당신에게 친절한 이웃집 여자로 '지적인 정신 폭력자'가 있다고 하자. 그는 당신 할머니가 돌아가신 것을 알고는 유산 분쟁에 관한 이야기를 해줄 것이다.

"그거 아세요, 가끔, 형제가 유산분배 문제 때문에 다투다가 결국 서로 평생 얘기도 하지 않는다는 건 부끄러운 일이죠."

그러고 나서 '지능적인 정신 폭력자'는 유산분배 문제로 가족들끼리 서로 의가 상한 사람들과 관련된 실제 사실(일반화된 사실)을 당신에게 들려줄 것이다. 이웃집 여자는 당신이 형제들과 사이가 좋지 않다는 것을 알고 있다면 그 이야기를 특별히 강조할 것이다. 그녀는 당신에 대한 염려와 애정의 메시지를 보내는 듯하지만, 사실은 심리적인 비수를 찌르고 있는 것이다.

항상 상대방이 하고자 하는 언행의 의도와 목적을 잘 살펴야 한다. 이 사람은 어떤 고의성이 있는지, 아니면 어떤 동기가 있는지? 이것은 평소 말과 행동 방식을 살펴보면 알 수가 있다. 그 사람은 항상 남의 말을 하기 좋아하는가? 이렇게 수동적이면서 공격적인 사람은 말하는 내용에 대한 책임을 지지 않으면서 어떤 결과를 야기 시키는 것을 즐긴다. 이러한 사람은 직접적인 충돌을 싫어하며, 팔짱을 끼고 "한번 그 사람과 싸워봐." 하는 식으로 문제를 일으킨다.

이런 사람들은 왜 그런 일을 할까?

왜냐하면 그 사람들 중 일부는 자기가 아주 작고 초라하다고 생각하기 때문에 어떤 영향력을 행사하고 싶어 한다는 것이다. 이러한 비슷한 경험을 당신도 어린시절 경험한 적이 있을 것이다.

어릴 적, 나는 형과 함께 아버지가 운전하는 1952년 산 폰티악 차 뒷자리에 앉아 있었다. 우리는 지루했다. 그래서 나는 재빨리 형한테 다가가 아빠가 안 보는 틈을 타서 손으로 툭 건드렸다. 형은 웃으면서 내게 복수해 왔다. 내가 형을 쳤을 때보다 더 강하게 때린 것 같았다. 그래서 나는 더 강하게 되받아 쳤다. 이런 장난은 아빠가 "그만두지 못해!" 라고 말할 때까지 지속됐다.

그 말을 듣고 우리는 잠시 동안 가만히 앉아 있었다. 하지만 심심함이 가시지 않자 형은 아버지가 안 보는 틈을 타서 다시 나를 주먹으로 쳤다. 다시 이 놀이가 시작된 것이다. 우리가 계속해서 이 장난을 칠 기세였으므로 아버지는 반복해서 그만 두라고 꾸중하셨다. 하지만 우리는 아버지가 뒷자리까지 어떻게 손을 쓸 수 없는 상황이라는 것을 알고 있었기 때문에 계속해서 그 놀이를 시작했다.

이제 그 놀이는 점점 더 흥미진진해졌다. 아버지가 점점 더 화를 내셨기 때문이다. 우리가 아버지를 어느 정도까지 화가 치밀도록 만들 수 있는지가 흥미로운 일이었다. 그것은 삶의 한계와 경계를 실험해 보기 위해 어린 아이들이 으레 할 수 있는 그런 일이었다. 우리는 킬킬거리는 웃음을 참으며 그 놀이를 즐겼으며 화가 난 아버지가 큰소리 칠 때까지 지속되었다.

아버지 엄포에 화들짝 겁이 났지만 우리는 잠시 놀이를 멈추었을 뿐 다시 계속했다. 결국 우리는 아버지를 아주 화나게 만들어서 거의 폭발 직전까지 이르렀다. 아버지는 손을 뒤로 내밀어 우리 중 한 명을 잡아채려고 손을 이리저리 움직였다. (아이들을 손으로 때리는 것이 아동학대로 간주되지 않던 시기였다)

이처럼 반응하는 것은 인간의 본성일지도 모른다. 어떤 사람은 이런 어린 아이 같은 유치한 본성에서 결코 벗어나지 못하는 경우도 있다. 성장한 후에도 어린 아이 같은 수동 · 공격적 성향이 남아 있을 수도 있으나, 성숙한 인식자각 능력 때문에 이 같은 상황을 잘 대처할 수 있게 된다. 우리가 아버지에게 보낸 이중 메시지는 아버지가 우리에게 그만두라고 말했을 때 알았다는 의미와 다시 지속한다는 의미의 "네 알았어요." 였다.

사실 이렇게 말할 수 있을 것이다. 그 행위에 대하여 책임을 지게끔 되어 있었다면 그 놀이는 더 이상 그리 재미있는 것이 아니었을 것이다. 만일 아버지가 우리 중 한 명의 손을 잡아챘더라면 우리의 즐거움도 중단됐을 것이다. 또는 집에 돌아가 아버지가 닭장을 깨끗하게 치우게 만들었다면 우리는 그 놀이를 그만뒀을 것이다. 아버지가 우리에게 보낸 메시지는 '자기 행동에 대해 책임을 져야 할 것' 이라는 모호한 것이었다.

자기가 한 행동에 대해 책임을 지게 만들어야 한다. 유산분쟁에 대해 신나게 떠들고 다니는 이웃집 여자에게 이렇게 응대해 보라.

"세상에나! 내가 피해의식 때문에 정말 가족분쟁을 일으킬 수 있다고 생각하나요!"

그러고 나서 이 물음에 대한 답변이 어떻게 나올지 잘 살펴보라. 상대방의 답변을 통해서 들을 수 있는 내용은 아마도 자기가 괜한 말을 했다거나, 얼마나 무책임한 생각이었는지를 알 수 있게 해 줄 것이다.

대화 끊기

'지능적인 정신 폭력자'가 사용하는 또 다른 중요한 도구는 소통단절이다. 그는 당신에게 스스로 의문을 제기하도록 한 다음 당신이 대답을 미처 끝내기도 전에 말을 끊어버린다. 또는 다음과 같은 질문을 할 것이다.

"부인과 아직도 종종 다투나요?"

당신은 부부 사이의 문제나 트러블을 말하지 않고서는 이 질문에 답할 수가 없다. 그래서 한참 설명하는데 도중에 그는 대화를 중단시켜 버린다. 그러면 당신은 말로 표현하지 못한 생각들이 마음속에 층층이 쌓인 채 봉쇄되어 어안이 벙벙해질 것이다.

칭찬하기, 깎아 내리기

당신은 자존심과 자만심에 의존하고 있는 사람을 조심해야 한다.

만일 당신이 다른 누군가를 의존하고 있다면 '지능적인 정신 폭력자'는 완전히 자기를 의존할 때까지 칭찬을 퍼부을 것이다. 그리고 당신이 자기 손아귀에 들어오면 마음대로 움직일 수 있을 때까지 당신의 자존심을 조각조각 찢어버릴 것이다.

그의 목적은 당신이 내적으로 자기 성찰을 하도록 만들어 정작 당신 주위에서 일어나는 일들에 주의를 기울이지 못하도록 하려는 것이다. 일단 당신이 자의식에 사로잡혀 걱정스럽게 자기 내면을 바라보기 시작하면 '지능적인 정신 폭력자'는 당신의 가장 부정적인 면들로 당신의 관심을 교묘하게 잡아끌어 들일 것이다.

그러면 당신은 점점 나약해져 자신을 조율하는데 회의에 빠지게 될 것이다. 이렇게 함으로써, '지능적인 정신 폭력자'는 당신을 아주 작고 초라한 존재로 끌어 내린다. 당신이 보통 침착하고 자신감 있는 모습을 보이면 그는 아마 걱정스러워 하며 조바심을 낼 것이다. 하지만 그가 당신을 자기 수준까지 끌어내려서 당신이 점점 더 걱정을 많이 하게 되면 그때 그는 우월감을 느낀다. 이유야 어찌 되었든, 당신에게 도움을 줄 수 있는 첫 번째 사람이 자기가 될 것이기 때문이다.

얼마 지나면, 당신은 그가 화 났는지 아닌지, 그가 무슨 생각을 하고 있는지, 그가 무엇을 할 것인지를 걱정하게 될 것이다. 그리고 머지않아 당신은 너무나 많은 잘못을 저지른다고 생각하여 자기 내부 바라보기를 중단하고, 마침내 완전히 자기 감각과 지각 대신 그에게 매달리고 만다.

그러고 난 뒤, 만일 그가 당신을 더 이상 원하지 않게 된다면…?. 생각만 해도 아찔하고 끔찍하다!

이중 속박은 교묘한 트릭

'지능적인 정신 폭력자' 가 사용하는 가장 야비하고 교묘한 트릭 중 하나는 이중 속박이다. 이는 논리적인 접근으로도 해결할 수 없으며 다만 깨달음만이 그 속박을 풀 수 있다. '지능적인 정신 폭력자' 는 당신이 실행해서 야기되는 잘못과 실행하지 않아서 야기되는 잘못이 있는 자리에 당신을 집어넣는다.

이러한 이중 속박의 예는 옛날 아시아 전통 교육법에서 잘 드러난다. 당신이 옛날 아시아의 한 서당에서 배우고 있는 학생이라고 가정해 보자. 수업을 받기 위해 매일 같이 스승 집을 방문한다. 스승이 안으로 들어오라고 하여 두 사람은 차를 마시기 위해 식탁에 마주앉는다. 찻잔을 들어서 마시려 할 때 갑자기 탁자 밑에서 커다란 지팡이를 들고 스승이 말한다.

"이것이 오늘의 학습과제이다. 네가 찻잔을 들면 이 지팡이로 너를 때릴 것이다. 그리고 만일 찻잔을 들지 않아도 이 지팡이로 너를 때릴 것이다."

나는 이 문제를 내 수업을 듣는 수천 명의 학생들에게 물어보았다. 95%의 학생이 문제의 논리와 해결법을 생각하는데 너무나 골몰한 나머지 그 문제를 풀 수가 없었다. 전형적인 답변은 대부분 이런 거였다.

"글쎄요, 저 같으면 차를 마실 것 같아요. 어차피 매를 맞을

"이것이 오늘의 학습과제이다. 네가 찻잔을 들면 이 지팡이로 너를 때릴 것이다. 그리고 만일 찻잔을 들지 않아도 이 지팡이로 너를 때릴 것이다."

거라면 그 차라도 마시면서 즐겨야죠."

다른 학생은 이렇게 대답했다.

"나를 때리기 전에 스승의 얼굴을 한대 때리고 차를 마시겠어요."

이 문제를 푸는 방법에는 두 가지가 있다. 하나는 스승과의 관계를 지속하면서 문제를 해결하는 좋은 답변이다. 그 답은 바로 그 지팡이를 빼앗는 것이다.

다른 해결책은 차를 마시지 않고 그냥 되돌아 나와 버리는 것이다. 이 해결책은 문제가 풀리기는 하지만 스승과의 향후 관계를 단절시킬 수 있다.

이 문제 해결에 대한 전체적인 출발은 '지능적인 정신 폭력자'가 짜 맞춘 내향성을 유발시키는 논리를 제거해야 하는 것이다. 그러면 전체 상황을 볼 수 있게 된다. 전체 상황이란 당신, 스승, 논리, 게임…, 그리고 상황(큰 그림, 문맥 등등)을 포함한다.

예를 들면, 바로 지금 당신은 이 페이지의 글을 읽고 있다. 당신의 논리적인 생각은 바로 지금 이런 단어들을 해석하고 있으며 그것들의 뜻을 파악하고 있다. 당신은 이 책 읽기에 너무 몰두해 있다보니 당신이 처해 있는 전체 환경, 즉 당신 주변의 색

깔이나 소리를 의식하지 못할 수도 있다.

책을 읽을 때 우리는 읽기 자체에 깊이 열중해야 하며 다른 감각은 제거하고 오직 그 의미를 새기는데 집중해야 한다고 믿는다. 이것은 필요 없고 쓸데없는 생각이다. 이 글을 읽으면서 주변에 무슨 일이 일어나는지 여전히 의식할 수 있다. —당신의 감정이나 몸 자세가 어떤지, 당신 주변에 누가, 혹은 무엇이 있는지 등등.

이중 속박과 함께 다가오는 어떤 느낌이 있는데 그것은 덫에 걸린 느낌이다. 이런 감정은 분명 당신이 주위 상황을 인식하기 시작했다는 신호이다. 이러한 감정은 자동적으로 생각을 멈추게 하고 내성적으로 움츠려 드는 것을 중지시킨다. 즉각적으로 그 상황에서 벗어나라. 그리고 무슨 일이 일어나는지 한번 보라. 일단 '지능적인 정신 폭력자' 가 당신을 내성적으로 만들려고 생각해왔다면 당신은 그의 지배 하에 있다.

해결책을 제시하면 다음과 같다. 내성적으로 움츠려 들지 마라. 개인적으로 받아들이지 마라. 잠시 뒤로 물러서서 자세히 들여다보라. 자신을 방어하지 마라. '지능적인 정신 폭력자' 가 왜 당신을 그 틀에 가둬넣으려고 하는지 주의 깊게 살펴보도록 하라.

지, 그림 이중 속박된 상황의 예를 살펴보도록 하자.

내 수업을 청강하는 한 부인이 수업을 들으며 아주 흥미진진해 했다. 그녀는 이 수업을 통해 많은 것을 얻는 기분을 느꼈다. 그녀의 행동이 변하고 있었다. 그녀는 자신감을 되찾았고, 자기에 대한 확신을 점점 더 갖게 되었다.

그녀의 남편은 그녀가 자기 마음대로 할 수 없는 통제밖에 있다는 것을 알고 위협을 느꼈다. 남편은 아내에게 최후통첩을 던졌다.

"그 망할 수업을 선택하든지, 우리 결혼을 택하든지 맘대로 하라구!"

물론 이 선택은 논리적으로 쉬운 것이다. 그 누구도 수업을 참석하기 위해서 결혼생활을 포기하지는 않을 것이다. "제이 카터(Jay Carter)의 수업을 듣기 위해 난 결혼생활을 포기했어요."라고 사람들에게 말한다면 얼마나 우스꽝스러운 일인가?

만일 남편이 끊임없이 부인을 이런 식으로 협박한다면, 협박이 그리 심각하게 느껴지지 않을 것이다. 하지만 그가 이런 극단적인 형식의 협박 카드를 잘 아껴두었다가 통제가 많이 필요한 어떤 특별한 경우에 그것을 사용한다면 엄청난 힘을 갖게 된다는 것도 알아두자.

이제 그 부인은 자기 내성적으로 움츠려 들지 않고 이 게임을 들여다본다. 그녀는 전형적인 통제의 기본요소를 깨달았다.

1. 이것은 그가 만들어 낸 게임이다.
2. 그녀에게 재앙적인 효력을 발하는 협박이다.
3. 결과는 모두 그녀가 어떻게 하느냐에 달려있다. 그의 협박에 어떻게 반응하느냐 하는 책임은 그녀에게 있다.

그렇다면 여기서 지팡이에 해당되는 것은 무엇일까?

그녀가 그의 위협을 조종하는 방식이다.

"선택하지 않겠어요."(즉, 이 말은 "당신이 하는 게임에 참가하지 않겠어요.") 그녀가 계속 말했다. "난 이 수업을 계속 듣겠어요. 그러니 당신이 선택하세요. 우리 결혼생활과 이 수업 중에서…." 그 지팡이는 바로 선택이었다.

이중 속박을 풀어내는 방법으로 그녀가 사용한 기술을 거울보기(mirroring)라고 부른다. 그녀는 '지능적인 정신 폭력자'가 던진 공을 받지 않고 즉시 되돌려 그의 책임으로 만들었다.

우리가 '지능적인 정신 폭력자'의 행동에 대한 책임을 물으면 그들은 대부분 자기 언행을 취소할 것이다. 그들이 던진 모

이중속박을 풀어내는 기술은 '지능적인 정신 폭력자'가 던진 공을 맞받아쳐서 그들에게 되돌아가게 만드는 것이다.
마치 거울처럼…

든 협박은 우리가 받아들이지 않으면 그것은 상대방에게 되돌아간다.

만일 우리가 이러한 테크닉을 자주 사용한다면 '지능적인 정신 폭력자'는 결국 자기의 비열한 속임수를 멈출 것이다.

자, 이제부터 정면으로 맞받아치자. 만일 발로 찰 때마다 개가 당신을 문다면 당신은 차기 전에 두 번은 생각해야 한다.

여러분은 그 부인과 남편 사이에 그 후 무슨 일이 일어났는지 궁금할 것이다. 그들은 아주 잘 살고 있다. 자기가 자신을 존중하면 할수록 상대방도 더 존중해 준다.

그는 더 이상 통하지 않자 부인에 대한 이중 속박 사용을 중지했다. 그들은 부인이 그동안 참아왔던 남편에 대한 분노를 다 터뜨릴 때까지 잠시 동안 사이가 좋지 않았다. 입장이 바뀌어 한동안은 부인이 '지능적인 정신 폭력자'가 되고 남편이 그녀의 희생양이 되었다. 결국 '지능적인 정신 폭력' 과정이 끝나자 애정이 다시 꽃피었다. 그들은 좀더 서로 이해할 수 있는 작업 방식으로 화를 내는 방법을 배운 것이다.

이 방법이 모든 사람에게 효과가 있지 않을 수도 있다. 일부 사람들은 너무 오랫동안 원한 관계에 있어서 더 이상 관계를 지속할 수 없을 경우도 있다. 그 관계는 이중 속박이 지배하는 구조가 여전히 건재한 상태라서 이미 죽어 있는지도 모른다.

만일 관계를 회복시킬 일말의 가능성이라도 있다면 나는 관계를 회복시킬 것을 권유하고 싶다. 타락할 수 있는 능력을 지닌 사람은 또한 훌륭해질 수 있는 능력도 갖고 있는 법이다. '지능적으로 정신 폭력'을 휘두른 사람들이 180도 태도가 바뀐 사례를 본 적이 있다. 너무나 천천히 변화하기 때문에 본인이 그것을 잘 이해하지 못할 뿐이다.

그럼에도 불구하고 '지능적인 정신 폭력자'가 분노를 다스리고 '지능적인 폭력'을 멈추는 방법을 알게 되면 갑작스럽게 변해서 두 번 다시는 되풀이 하지 않는다. '지능적인 정신 폭력'에 대한 의지와 이해가 주요 관건이다. 하지만 단순한 속임수로 갑작스런 변화를 보이는 것은 조심하라.

만일 당신이 사랑하고 있는 '지능적인 정신 폭력자'가, 자기가 무슨 짓을 했는지 이해하고 있으며 고치겠다고 맹세한다고 하더라도 다시 그 말을 토론하려고 하는 의지가 없다면 그의 말을 믿지 마라.

이중 속박에서 문제가 되는 것은 언제나 상황(문맥, 큰 그림)이다. 우리는 수없이 속박을 느끼지만 그것을 볼 수 없다. 그러므로 생각을 멈추고(내성적인 움직임) 그것을 느껴야 한다. …그리고 잠시 뒤로 물러나 있어라. 좀더 큰 그림을 볼 수 있도록 생각을 멈추고 뒤로 물러나 있으면 그 전체 상황에 그림자를 드리우고 있는 이중 속박을 목격할 수 있을 것이다.

예를 들면, 매를 맞은 부인이 남편에게 묻는다.

"왜 어젯밤 나를 때렸어요?"

남편은 왜 때렸는지 그 이유를 생각하려 애쓰면서 그 말을 곰곰이 생각하며 대답한다.

"당신이 밥을 태웠기 때문이지."

그럼 부인은 안도의 한숨을 내쉬게 된다. 왜냐하면 부인은 다시는 밥을 태우지 않으면 그 상황을 통제할 수 있을 거라고 생각하기 때문이다. 그건 아니다! 문제는 상황이다. 그녀는 심리적으로 학대를 하는 가해자와 결혼을 한 것이다.

다른 예를 들어보자. 여자를 싫어하는 남자를 위해 일을 하고 있는 한 여사원이 있는데 승진을 하지 못했다고 치자. 그녀가 상사에게 승진을 요구하면 그는 그럴싸한 이유를 댈 것이다.

일 하는 과정에서 몇 번의 실수를 했으며, 종종 지각한 사실을 지적한다.(사실 몇 번 5분 정도 늦은 적은 있다) 하지만 그녀가 이 세상에서 가장 훌륭한 일꾼이라고 할지라도 그녀는 승진을 하지 못할 것이다. 이유는 여성 혐오주의자인 상사를 모시고 일하고 있는 상황 바로 그 때문이다.

더 큰 틀에서 생각하기

'지능적인 정신 폭력자'가 행하는 고의적인 방법 중 하나는

디 큰 틀에서 인식하는 것을 방해하는 것이다. 작업업무 평가 기간 동안에 당신의 '지능적인 정신 폭력자'인 상사는 그간 저지른 실수를 다 들춰내면서 더 적은 실수를 한 다른 직원과 당신을 비교할 것이다.

상사는 이런 비교를 통해서 그가 했던 것보다 두 배나 더 많은 일을 당신이 했기 때문에 실수도 두 배 더 많다는 점을 인정하지 않는다. 그리고 당신에 대해 낮은 업무평가를 내리고 그 비교논리로 자기 판단을 정당화시킨다. 또 반대로 그 비교된 직원을 평가할 때는, 이번에는 그가 당신과 비교해서 당신만큼 일하지 않았다고 얘기 한다. 상사는 두 사람 모두에게 낮은 업무평가를 내리는 것을 합리화하기 위해서 의도적으로 이 같은 일을 행한다.

상사는 그 누구도 자기보다 더 좋은 업무평가를 받는 것을 원하지 않기 때문에 이런 행동을 하든지, 아니면 과대망상증 환자일 가능성이 높다. 아니면 상사의 직속 상사가 부하 직원에게 관대하지 말라고 해서 당신을 위해 대변해줄 만한 용기가 없어 이런 결정을 내릴 수도 있다.

자, 여기서 무의식적으로 행해지는 '지능적인 정신 폭력' 과정에 대해 이야기해보자.

우리는 대부분 무의식적으로 다른 사람에게 종종 '지능적인 정신 폭력'을 한다. 사실을 인지하지 못한 채 하는 '지능적인 정신 폭력'은 우리가 그 사실을 깨닫는다면 고쳤을 것이다.

우리는 자녀들, 배우자, 부모와 친구에게 이 같은 '지능적인 정신 폭력'을 저지른다. 이것은 우리가 좀 더 큰 그림을 그리지 못하기 때문에 일어난다. 우리가 상황을 제대로 깨닫지 못하고 있는 것이다. 우리는 모르고 그 일을 행하고 개인적이 아닌 것들을 개인적인 일로 취급한다.

다음 장에서 자아부정(Self-doubt)이 어떤 것인지 설명하겠다. 다음 장에서 논의할 자아부정이 당신과 관련이 없는 이야기라고 생각할 것이다. 그런데 사실 자아부정은 우리에게 일반적으로 일어나는 현상이다. 나는 무의식적으로 사람들이 어떻게 '지능적인 정신 폭력'을 하는지 설명하고 싶다. 유일한 방법은 당신이 의식하고 있지 않을 수도 있는 예를 들어 설명하는 길이다.

나는 이러한 방법을 즐겨 사용한다. 이렇게 함으로써, 여러분이 의도적으로 '지능적인 정신 폭력'을 하는 사람과 비교해서 무의식적으로 '지능적인 정신 폭력'을 하는 사람에게 조그만 연민이라도 가졌으면 하는 바람이 있기 때문이다. 다음 장을 읽은 후에 여러분이 너무 죄책감을 느끼지 않았으면 한다. 한번만 더 다시 생각해보라. 아니, 원한다면 어서 죄책감을 느껴라.

자아 부정

우린 어렸을 때 너무나 많은 자아부정이 있었음을 회상할 수 있다. 이 장에서는 그것이 어떻게 발생하는지 한 예를 들어 보이겠다. 이것은 단순한 하나의 예이지만 아마 여러분은 깨닫고 있지 못했던 사례일 것이다. 어린 나이에 ADHD(attention deficit/hyperactivity disorder : 주의력 결핍 과잉행동장애)를 가진 한 어린이가 있다고 하자. 이런 아이는 사물을 큰 틀에서 인식하거나 판단할 수 있는 능력이 없다.

ADHD를 가진 어린이는 사물이나 주위 상황에 대한 인식과 판단능력이 부족하다. (내가 can't라고 말했니? 아, 그래, 내가 can't라고 말하려고 했기 때문이야.) 그래서 그런 아이들을 교실에 데려다 놓으면, 옆 학생에게 말을 걸기 시작하거나 혹은 가만히 앉아 있지 못한다. 우리는 이런 애들을 보고 무례하고 버릇없다고 말한다. 그러면 그 아이들은 자기가 정말로 무례하고 남을 존중할 줄 모르는 사람이라고 결국 믿게 된다.

우리는 그런 의도나 동기가 전혀 없는 아이들까지도 종종 비하시키고, 의심하고, 또는 그런 동기가 있다고 규정짓는다. 이런 아이들 중 3분의 1은 뇌의 전두엽(前頭葉 : prefrontal lobe)이 충분히 발달된 후에는 사물을 보다 큰 틀에서 보고 인식할 수 있게 된다. 즉, 처한 상황을 판단할 경우 전후 관계를 염두에 두어 현실을 인식하고 판단할 수 있게 된다. 따라서 더 이상 수업이나 식사 시간, 장례식 등과 같은 예의를 지켜야 할 상황에서 떠들며 방해하지 않게 된다. 그러나 그런 어린아이가 버릇없고 무례하다고 믿는 사람들하고 있게 되면 그 아이는 자아부정 상태에 빠지게 된다.

나는 전에 10살 먹은 내 아들을 장례식에 데려가는 실수를 저지른 적이 있었다. 전두엽이 아직 발달되지 않은 상태라서 상황 인식이나 파악을 할 수 있을 거라 기대할 수 없는 아이였다. 사람들은 울고 있었고, 누군가 가슴에 사무치는 말을 하자 잠시 침묵이 흘렀다. 그런데 그 상황에서 내 아들이 작은 목소리로 노래를 부르기 시작하다가 갑자기 "두두둥 두두둥!" 하고 소리를 크게 지르는 게 아닌가! 사람들이 쳐다보자 나는 당황해서 모르는 아이라고 말하고 싶은 욕구를 느낄 정도였다. 그렇다, 지금은 함께 있지만 내 아이가 아닌 다른 사람의 아이라

어린이들의 뇌는 전두엽이 충분히 발달하지 않았을 때
큰틀에서 사물을 인식하지 못한다. 이것은 병도 아니고 아무것도 아니다.
그런데 ADHD로 몰아 학교에서 쫓아내 버리는 일도 있다.

고 말이다.

어른들은 곧잘 아이들이란 본래 속성이 어떻다는 것을 잊어버린다. 아이들은 전두엽이 완전히 발달되지 않아 전후 관계를 파악하거나 보다 큰 틀에서 사물을 바라볼 수 없기 때문에 상황인식력이나 이해력을 지니고 있지 않다. 이 말은 우리의 뇌가 어린이들보다 좀더 발달되어 있다는 이유만으로 아이들을 조종하고 통제해야 한다는 뜻은 결코 아니다. 하지만 우리는 종종 그러고 있고, 또한 우리가 이해 못하는 성인들에게도 그런 식으로 상처를 준다. (그래도 아직 죄책감이 느껴지지 않는가?)

그러면 마지막까지 ADHD 증세에서 벗어나지 못하는 3분의 2에 해당하는 어린이에게는 무슨 일이 일어날까? 32%는 고등학교를 미처 졸업 못하고 중도 탈락한다. 이 얼마나 놀라운 사실인가? 하루에 여러 시간 동안 온갖 집중을 요하는 인식력이 있는 학교에서 아이들을 퇴학 시키다니. 그리고 우리는 어린이들에게 상황 인식력을 갖기를 기대하면서도 어떻게 해야 하는 것인지 그 방법은 가르쳐주지 않으며, 어린이들 또한 체질적으로 따르려 하지 않는다.

물론, 우리가 원하는 대로 하지 않을 때, 그리고 행동이 부적절할 때, 우리는 아이들에게 상처를 주면서 통제한다.

이것은 자아부정이 어떻게 어린이들의 삶 속으로 슬그머니 들어가는지 보여주는 단 한 가지 사례일 뿐이다. 자, 그렇다면 우리는 왜 그런 일을 저지를까? 여러분은 다음 장에 펼쳐질 내용의 주제를 그다지 좋아하지 않을 것이지만, 바로 그 이유 때문이다.

자기중심주의(모든 일은 나와 관계가 있다)

나는 자아도취 내지는 자기중심주의 증세가 없는 '지능적인 정신 폭력자'를 만나본 적이 없다. '지능적인 정신 폭력자'가 아닌 사람들은 자기중심주의 증세가 없으며, 따라서 '지능적인 정신 폭력'을 행하지 않는다.

나이가 들고 현명해지면서 자기중심주의 경향은 자연스레 사그라진다. 그러나 극히 일부 예외의 경우이긴 하지만 아주 많이 배운 사람들도 무의식적으로 자기중심주의에 빠질 때가 있다. 우리 모두는 어느 정도 자기중심주의적인 성향을 가지고 있다.(그러나 이렇게 얘기한다고 해서 나를 미워하지는 마시길!)

어린시절, 우리가 밤길을 갈 때 달이 우리를 따라오며 비춘다고 생각한다. 내 여섯 살 난 아들이 잠을 자지 않고 밤을 꼬박 지새우고 싶어 했다. 그래서 내가 물었다.

"그래, 가끔은 그렇게 할 수도 있지."

이 말을 듣고 아이는 잠시 깊은 생각에 잠기더니 말했다.

"아빠, 내가 밤을 지새우더라도 해가 아침에 여전히 떠오를까요?"

아주 깜찍한 말이지만 태양이 자기를 중심으로 해서 공전하고 있다고 생각하는 것은 자기중심주의적인 발상이다.

만일 10대 소년이 바지지퍼를 올리지 않았던 걸 나중에 알게 되면 아주 수치스러워 하며 당황한다. 모든 사람이 그것을 보았을 거라고 생각하기 때문이다. 10대 소녀는 모든 사람이 자기 얼굴에 난 여드름을 바라보고 있다고 믿는다.

엄청난 자아를 가진 아이들은 자기가 가장 위대하며 모든 세상은 자기를 중심으로 움직인다고 믿는다. 자만심이 부족한 아이들은, 자기는 다만 세계를 겉돌고 있는 허접 쓰레기의 일부에 불과하다고 믿는다. 우리가 점점 나이 들어 현명해져 감에 따라 자기중심주의에서 벗어나지만, 내가 알기로는 어느 누구도 자기중심적인 사고방식에서 완전히 벗어나지 못한다.

자기중심주의는 모든 것을 개인적으로 돌리는 것과 같은 것이다. 내가 말하려고 하는 중심은 바로 이것이다. ADHD를 가진 아이가 수업 중에 떠들고 있을 경우 그가 수업을 방해하지 않게 신경 쓰는 것만으로도 힘겨울 것이다. 그런데 우리는 왜 이 아이가 유독 나에게, 나에게만…, 무례하고 배려심이 없다는, 또 다른 짐을 자기에게 지우고 있는 것일까?

여러분은 내가 말하고 싶은 요지를 이해했는가? 사실을 말하자면, 그 아이는 무례하고 남에 대한 배려심이 없는 것이 아니다. 이것만으로도 구별이 충분하지 않은가? 그런데도 이 아이가 존경심이 없다고 보태서 짐을 질 필요까지 있을까? 그렇게 생각해 보면 가슴 아픈 일이다. 우린 그런 식으로 느껴서는 안 된다. 그런 식의 접근은 자기중심주의 문제를 극복하는데 전혀 도움이 되지 않는다. 아니, 그 정반대이다.

내 개인적인 경험 하나를 소개하겠다. 고속도로에서 어떤 운전자가 갑자기 내 앞에 끼어들며 손가락질 하는 바람에 아주 화가 났던 기억이 있다! 나는 바로 그를 뒤쫓아 차를 몰고 갔다. 범퍼와의 간격이 2인치 정도 밖에 차이가 나지 않자, 그 운전자는 겁을 먹었다. 그가 느끼는 두려움을 보고 나는 만족했다! 그때 나는 내가 심리학자라는 사실에 괘념치 않았다. 내가 50세가 넘은 사람이라는 사실도 신경 쓰지 않았다.

내 전두엽은 그의 차 뒤범퍼와 2인치가 되는 것이 내 인생 전체인 양 몰아붙였다. 마침내, "이봐, 너는 지금 화를 다스리는 법을 강의하는 중이잖아!"라는 생각이 들자 내 전두엽에서 보내는 명령이 두절됐다.

그 생각은 결국 나를 진정시켰다. 하지만 나중에 그 사건을 떠올렸을 때 내가 그 사건을 너무 개인적으로(narcissism) 취급했다는 것을 깨달았다. 그때, 사실은 난 일반 사람 중 한 사람이었고, 그 남자는 그 누군가의 차에 끼어들어 손가락질을 했던 사람이었다. 어찌 되었든 간에 개인적인 감정이 들어간 행위는 아니었다.

고속도로에서 어떤 운전자가 갑자기 내 앞에 끼어들며 손가락질 하는 바람에
아주 화가 났던 기억이 있다! 나는 바로 그를 뒤쫓아 차를 몰고 갔다.
범퍼와의 간격이 2인치 정도 밖에 차이가 나지 않자,
그 운전자는 겁을 먹었다. 그가 느끼는 두려움을 보고 나는 만족했다!

이것이 바로 '지능적인 정신 폭력'을 다루는데 커다란 비밀 중 하나이다. 어떤 일이든 무조건 개인적으로 받아들이지 마라. 왜냐하면, 그 일들은 보통 개인적인 감정에서 비롯된 것이 아니다. 만일 당신이 여성을 극도로 혐오하는 남자와 결혼하였다면 그 남자가 당신에게 하는 모든 혐오스러운 일들이 개인적인 감정에서 나온 것이 아닐 것이다. 그가 만일 다른 여자와 결혼했더라도 똑같았을 것이다.

그때 상황을 생각하면 지금도 화가 날까? 물론 그렇다. 만일

그 남자가 나를 가로막았을 때 그것을 내 개인적인 인격모독으로 생각하지 않았더라도 여전히 화가 치밀었을까? 물론 그랬을 것이다. 하지만 내 목숨과 그 사람의 목숨을 걸고서 그렇게 차를 몰아 쫓지는 않았을 것이다.

여러분은 이 책을 통해 '지능적인 정신 폭력'에 관한 내용을 읽고 있는 중이며, 작가인 나는 여러분을 자기중심주의에 빠진 사람이라고 부르고 있다. 참 멋진 작가 아닌가? 그러나 난 여러분을 사랑하고 아끼는 마음에서 이런 말을 하고 있는 것이다. 내 의도는 좋은 것이며, 결국에는 내가 여러분을 도와줄 거라고 믿는다.

만일 여러분이 "그래요? 내 실수예요. 그럴 줄 알았다니까요! 난 자기중심주의자예요."라고 말하는 사람들 중 하나라면 《더 이상 종속되지 마라(Codependent No More)》라는 책을 읽어보길 바란다. 그리고 다시 이 책을 펴고, 중단됐던 문장부터 다시 읽어라. 어떤 것은 개인적으로 취급하지 않으면 안 되는 것도 있다. 나도 그 사실을 안다. 하지만 보통은 개인적이든 아니든, 둘 중 하나인데, 일반적으로는 개인적이 아닐 가능성이 더 높다.

생화학적 불균형

일부 사람은 생화학적 불균형(chemical imbalances)을 가지고 있어서 그것 때문에 심보 사납게(nasty) 군다.[예를 들어, 뇌신경전달물질인 세로토닌(serotonin)을 충분히 갖고 있지 못하면 우울해지거나 화를 자주 내고 절망스런 상태에 빠지게 된다.]

일부 심보고약한 사람들은 생화학적 불균형 증세를 가지고 있으며, 그것 때문에 점점 더 성격이 나빠지게 된다. 양극단적(bipolar)인 성향이 있는 사람은 조울증이 나타나면(manic episode) 무슨 미친 짓을 하든 끝내 감옥에 가기도 한다. 그렇다고 해서 그가 범죄자적인 천성을 가지고 자랐다고 생각하지는 않는다.(그는 복역하는 기간 동안을 약을 복용하는 벌을 주는 것이 더 나을지도 모른다.) 하지만 양극단적인 성향을 가진 사람이 범죄자라면 그건 이야기가 다르다. 두 경우의 차이를 분명히 하는 것은 아주 중요하다.

양극단적인 부조(bipolar disorder)에서 생기는 심보고약한 사람은 가장 중요한 생화학적 불균형 증세와 연관되어 있다. 양극단적인 부조를 지닌 사람은 완전히 건강과 관련된 심리학적인 문제이다. 하지만 도파민 불균형(dopamine imbalance)은 우울증이나 절망이 된다. 이것은 유전적(hereditary)이자 생화학적

(chemical)인 문제이다. 이 사람들이 일으키는 문제는 그리 심각하지 않을 수 있다. 만일 심각하다면, 자제 능력을 가지지 못하기 때문이다.

만일 그들이 흥분 상태에 있다면 사고가 조급해진다. 잠을 거의 잘 수가 없으며, 분노의 조울(angry manic) 상태에 있거나 도취감의 조울(euphoric manic) 상태에 놓일 가능성이 높다. 그들의 감정은 순간순간 이리 저리 흔들린다. 어느 순간에는 웃으며 즐거운 시간을 보내고 있다가도 어느 순간에는 다른 사람에게 화를 낸다. 흥분상태에 있는 동안 거의 잠을 못 자는데, 잠을 조금밖에 못자는 사람이 그렇듯 짜증을 잘 내고 성격 못되게 군다.

그들의 생각은 아마도 여러분의 생각보다 6배는 더 빠르게 달리지만 생각을 걸러 주는 필터링 장치가 없다. (그들의 뇌가 바로 입과 연결되어 있는 것처럼) 그들은 재빠르게 지껄인다. 그리고 당신의 가슴 밖까지 고동치는 심장소리가 들릴 정도로 자극적인 말을 할 것이다.

이런 사람들이 '지능적인 정신 폭력'을 아주 잘 사용한다. 병적인 흥분상태에 있으면 양심의 가책을 못 느끼기 때문에 양심과 거리가 먼 행위나 말을 한다. 보통의 정신 상태에서는 아주 품위 있고 양심적이다. 이러한 불균형 증세가 있는 친구나 친척이 있다면 그들이 병적인 흥분상태에 있을 때 그들이 하는 말을 개인적인 공격으로 받아들이지 말아야 한다. 우리들 대부분도 차마 입 밖으로 내뱉을 수 없는 것들을 생각하기도 하지만, 정신적으로 이상이 있는 사람은 생각하는 것을 곧바로 입 밖으로 쏟아내 버린다는 점이 다르다.

이런 상태에서 뇌의 전두엽은 축소되어서 비록 멋진 생각을 많이 할지라도 그들의 판단은 빈약해진다. 자기들의 행위나 결과가 좀더 큰 틀로 나아갈 수 있는 상태가 아니다. 그들은 지적으로 자기가 무엇을 하고 있는지 알 수는 있지만 좀더 큰 틀로 자기를 바라보지 못한다.

그리고 기분 좋아라 하며, 자만심, 불손함과 함께 자기 권리를 주장하며 마음 내키는 대로 말하고 행동한다. 당신은 그 사람이 무슨 말을 하든지 언제나 도울 수 있을 거라고 생각하겠지만 정말 그렇게 생각한다면, 이전에 설명했던 '자기중심주의' 부분을 다시 읽어보아라. 때때로 자신도 어쩔 수 없을 때가 진짜 있다. 그 사람들을 위한 변명을 하려는 것이 아니다. 나는 단순히 그것은 개인적인 것이 아니라는 사실을 지적해주려고 하는 것뿐이다.

그들에게 무엇이 필요할까? 바로 약물치료이다. 이 치료를 통해 생화학적 불균형 증세를 호전시킬 수 있다. 이 치료를 위한 좋은 약들이 시중에 나와 있다. 우울증 증세가 있는 사람은 자기들의 "자연적인 고도의 흥분상태"를 유지하는 것과 우정(또는 결혼생활)을 손상 시키지 않고 지키는 것 중에서 선택해야만 한다. 만일 여러분이 이와 같은 증세를 가지고 있는 사람의 배우자라면 계속 관계를 유지하며 상대방에게 약을 복용시키거나, 모든 것을 결별하는 것 중 하나를 선택해야 할 것이다.

성격장애

나는 정말이지 성격장애에 관한 언급을 하고 싶지가 않다. 성격장애라는 것이 있다고 생각하고 있지 않기 때문이다. 어떤 성격과 기질을 가진 한 인간이 연속적인 일련의 경험을 하게 될 때 이 사람은 이른바 성격장애라고 부르는 상태에 이르게 된다.

나는 성격장애라 불리는 이러한 증세가 정신 충격을 완화해주면 이내 치료되는 사례를 경험했다. 따라서 그 성격장애라는 것이 정신적인 충격에 기인한다고 생각한다. 예를 들면, 학대나 어떤 극단적인 쾌감, 또는 가족으로부터 받은 충격, 혹은 이와 유사한 충격에 기반을 두고 있다고 생각한다. 사람들은 어떤 충격을 경험했을 경우 그 충격을 일으키는 자극제와 닮은 것에 강하게 반응하는 경향이 있다.

나는 어릴 적 벌에 쏘인 적이 있었다. 그래서 벌을 보면 내 몸은 거의 공포로 부들거리며 아드레날린(Adrenalin)이 내 혈관을 통해 넘쳐 난다. 아드레날린은 혈액 호르몬이기 때문에 12분에서 20분 동안 혈관에 머무른다. 나는 벌을 볼 때마다 매번 같은 식으로 반응한다. 벌이 나타나면 도망친다. 그것은 일종의 나의 비극(drama)이다. 벌로부터 도망치는 것. 나도 어쩔 수가 없다. 그것은 아주 단절된 내 경험이다.

나는 성격장애와 관련해서 하루 종일 강연을 하는 정신건강 전문가에게 내 경험을 들려주었다. 그는 이것을 극적인 상태(drama)라고 최종 결론지었다. 이것은 행동 동기나 결과와 관련된 것이 아니라 드라마와 관련된 것이라고 설명했다.

원하는 드라마가 무엇인지 모른다면 아주 혼동되는 개념일 수 있다. 이상하게 행동하는 사람을 보면, "이 사람이 원하는 것이 뭐지?" 라고 스스로 묻게 된다.

그 답은 그 사람이 드라마를 원한다는 것이다.

그럼 다시 "이 드라마로부터 무엇을 얻고자 하는가?"라는 의문을 갖게 된다. 그 물음에 대한 답 역시 드라마이다. 그 사람은 당신과 함께 어떤 드라마 속으로 들어가고 싶어 한다.그리고 그 드라마는 바로 그 당사자에 의해 계획된 것이 아닐 수도 있다. 당신이 그 누군가를 연상시키거나, 또 누군가와 비슷할 때, 또는 어떤 특정 시기만 되면 항상 그런 식으로 행동하는 경우이다. 이러한 행위를 개인적으로 받아들이지 마라. 그렇다고 해서 비개인적으로도 받아들이지 마라.

예를 들면, 어떤 남편이 성격장애를 가진 부인에게 이렇게 말했다고 하자.

"자, 이제 기분이 좀 어때?"

그러면 부인은 이렇게 반응한다.

"뭐라구요?! 난 당신 환자가 아니에요. 그런 식으로 말하지 마세요."

이렇게 말하는 부인의 말은 옳다. 왜냐하면 남편은 부인에게 감정을 섞지 않고 비개인적이고도 객관적으로 대했기 때문이다. 나는 성격장애는 관계에 의해 유발된다고 믿는다.

자, 이제 이것을 꼭 염두에 두자. 성격장애를 가진 사람들의 행동이나 반응을 개인적으로든 비개인적으로든 받아들이지 말자. 위축되어 안으로 숨어들지 말자. 상대방의 감정 상태에 공감대를 형성하자. 이 반응은 당신과 관계된 것이 아닌 것이다.

'지능적인 정신 폭력자'의 원형(元型 : archtype)

여러분은 친구를 따라 행동해본 적이 있는가? 가끔 어머니, 또는 아버지처럼 행동해본 적이 있는가? 이처럼 행동했던 그 시간 동안 우리는 어머니, 아버지, 혹은 친구의 원형(archtype) 속으로 들어갔다고 말할 수 있다.

원형은 인간경험의 전체영역을 통틀어 발생하는 완벽한 성격 유형으로 심리학자, 칼 융(Carl Jung)이 만들어낸 단어이다. 가장 대표적인 원형으로는 전사(戰士), 사냥꾼, 악마가 있다.

우리는 자라면서 여러 개의 성격 유형을 발전시키게 된다. 예를 들면 어머니, 아버지 역할, 전문적인 이미지, 어린아이 같은 성격 유형 등이다. 우리가 매일 발전시키고 사용하는 분리된 성격 유형이다. 이는 마음이라는 옷장 속에 상황에 따라 입을 수 있는 여러 벌의 옷을 준비해 두는 것과 거의 흡사하다. 만일 아이를 가진 여자가 있다면 그 사람은 자신만의 "엄마" 성격 유형을 가지고 있을 것이다. 엄마의 성격 유형은 보통 다음과 같이 구성된다.

- 당신이 생각하는 어머니 역할에 맞는 언행이나 대처방식.
- 당신 어머니가 했던 행동 모방.(당신 아이한테는 절대 그러지 않을 것이라고 말했지만 어머니가 했던 대로 자신도 따라 하고 있는 것을 포함)
- TV에서 나온 어머니, 다른 사람의 어머니, 할머니 등 캐릭터를 모방하는 행위.

그렇다면, 지금 여기 있는 나는 누구일까?

당신을 위해 성격 유형을 분석해 보자. 여러분은 대부분의 '지능적인 정신 폭력자'가 항상 못되게 구는 것은 아니라는 점을 알고 있는가? 그렇기 때문에 '지능적인 정신 폭력자'를 구별해내기가 아주 힘들다. 이들은 예측 불가능하다. 가끔은 알 수도 있지만 대부분 언제 이런 성격으로 발동이 걸릴지 전혀 알 수가 없다.

대부분의 '지능적인 정신 폭력자'는 갑자기 악마가 씌운 것처럼 행동한다. 평소 착한 사람이 노발대발 광적으로 흥분하거나, 혹은 극도로 움츠려 들어 사람을 물고 늘어져 질리게 만든다. 혹은, 착한 사람처럼 보이지만 왠지 모를 기분 나쁜 기운을 주위에서 갑자기 느끼게 한다. '지능적인 정신 폭력자' 가 그런 행동을 보일 때 드러나는 양상도 다양하다.

그들의 행동 양상을 살펴보면 '지능적인 정신 폭력자' 각자마다 나타나는 심리적인 사이클이 있음을 알 수 있다. 가장 노골적인 성격부터 가장 은밀한 성격까지 그들의 성격 유형을 살펴보면 다음과 같다.

가장 노골적인 성향의 성격

가장 노골적인 성향을 지닌 '지능적인 정신 폭력자' 는 양심이 전혀 없는 것처럼 보이기도 하고, 때로는 어떤 짓이라도 할 수 있을 정도로 제 정신이 아닌 듯 보인다. 그는 곧 자제력을 잃을 것처럼 위태위태하다. 그는 화를 밖으로 표출하여 분노하고, 독선적인 행위를 한다.

그는 당신이 그 상황에서 가장 잘할 수 있을 것 같은 일들을 하도록 협박한다. 가끔 그는 당신이 곤궁에 빠져있는 상태를 즐기기라도 하는 것처럼, 당신에게 미소를 지으면서 이상한 짓을 시킨다. 아니면 당신이 분명히 그를 돋보이게 하려고 한 행

가장 노골적인 성향을 지닌 '지능적인 정신 폭력자'는
양심이 전혀 없는 것처럼 보이기도 하고,
때로는 어떤 짓이라도 할 수 있을 정도로 제 정신이 아닌 듯 보인다.

동이 오히려 그가 당신을 비난받을 만한 사람처럼 보이게 만들기도 한다. 가끔 너무 술을 많이 마시거나 하면 본색이 드러나 짐승처럼 변할 수도 있다.

덜 노골적인 성향의 성격

약간 덜 노골적인 성향을 지닌 '지능적인 정신 폭력자'는 당신의 약점을 지적해낸다. 그는 당신이 과거에 잘못했던 일들을 끄집어내서 상기시킨다. 당신이 하는 행위가 잘못됐으며, 당신이 얼마나 나쁜 사람인지 보여주기 위해 끊임없이 당신의 동의를 얻으려고 한다.

당신이 했던 좋은 일은 모두 그다지 대단한 것이 아니거나 당신이 한 좋은 일은 결국 우연히 한 것처럼 행동한다. 그는 항상 자기가 옳다고 내세운다. 당신이 그 사람의 잘못된 행위를 지적하면 그간 잘못했던 당신의 모든 일들을 들춰내 분개하며 융단폭격을 해올 것이다. 당신의 실수를 생각해내는 그의 기억력은 아주 감탄할 만하다. 결국 그 사람은 화를 내면서 이렇게 말할지도 모른다.

"어떻게 내게 그런 식으로 이야기 할 수 있지? 당신은 내게 상처를 주고 있어!"

그는 당신이 얼마나 못된 사람인지 증명하려 든다. 하지만 사실 그는 당신이 하는 일을 질투하고 당신이 성취해낸 결과를 부러워하는 사람이다. 그는 당신을 싸잡아서 얕잡아 본다.

가장 불분명한 성향의 성격

'지능적인 정신 폭력자' 중 가장 불분명한 성격을 지닌 사람은 얼핏 보면 당신의 좋은 친구처럼 보일 수 있다. 하지만 이런 사람들은 언제나 "솔직히 말하면…,"이라는 말을 덧붙여 나쁜 면만을 이야기한다.

그는 "정직"이라거나 "진심"이라는 단어를 사용하기 좋아한다. 그는 당신 등 뒤에서 당신에 대해 안 좋은 이야기를 하며 은밀히 당신을 질투한다. 그는 다른 사람이 생각하고 있는 당신의 좋지 않은 부정적인 면을 이야기 해준다. 그리고 만일 당신이 그의 이중메시지에 대해 그에게 맞대응이라도 하는 날에는 당신이 과대망상증이라고 알랑거리면서 정말로 이중메시지를 이용하여 당신에게 칭찬을 늘어놓는다. 자기 자신에 대한 것보다 당신에 대해 더 높은 견해를 가지고 있을 수도 있다.

'지능적인 정신 폭력자'는
'정직하게 말해서…, 솔직하게 말해서…,
진심으로 말해서….'란 말을 즐겨쓴다.
사실은 '정직도, 솔직도, 진심도'
아니란 뜻이 된다.

직장에서 이런 사람들은 당신에게 이야기를 털어 놓게끔 유도한다. 당신의 삶과 당신에 관해 관심이 있는 것처럼 보일지도 모른다. 그래서 당신은 그것을 우정으로 착각하지만 정작 이 사람은 자신에 관해서는 한마디도 하지 않는다.

이 사람은 계산을 하면서 치밀하게 당신의 말을 듣고 있는 것이다. 그리고 인사이동 및 승진 계획이 있을 때 당신과 경쟁하여 당신이 했던 나쁜 말을 상사에게 쏟아놓는다. 이 사람은 한 단계 올라서기 위해 당신의 어깨를 밟는 것쯤은 전혀 양심의 가책도 느끼지 않는다.

3단계의 '지능적인 정신 폭행' 행위를 통해서 우리는 이런 사실을 알 수 있다. 아무도 언제나 '지능적인 정신 폭행자'로 있는 것은 아니라는 점이다. 하지만 완벽할 정도로 훌륭한 사람이었던 그가, 당신이 그토록 좋아했던 그가 당신이 가장 싫어하는 괴물로 변해서 당신을 타락시키기 위해 온갖 방법을 이용한다. 당신이 좋아하던 그 사람이 일시적으로 악마가 된다. 하지만 이 악마의 형태는 이 사람 속에 있는 전체가 아니다. 잠시 동안 그 사람에게 들어가 있는 원형일 뿐이다.

어떤 사람이 이런 상태 속으로 들어가면 자기 생각, 아이디어, 도덕성, 행동이 그런 악마적 성향으로 완전히 바뀐다. 의도적으로 그런 행위를 하는 사람이 있는가 하면 환경 속에 있는 어떤 요소가 자극할 때 무의식적으로 그런 행위를 하는 사람도 있다. 가장 최악의 사례는 계산된 시간에 맞춰 의도적으로 이러한 성격으로 변하는 히틀러를 빼놓을 수 없다. 더구나 히틀러는 완벽하게 원형을 발전시켜 거의 매번 성공적으로 발현시켰다.

대부분의 사람들은 주위 환경 속에 흩어져 있는 사소하거나 때로는 알아채지도 못하는 단서들에 반응하다가 자기도 모르게 이런 '지능적인 정신 폭력' 의 원형으로 우연찮게 빠져 들어간다. 이런 불쌍한 사람들은 지나간 세월 속에서 '지능적인 정신 폭력자' 에게 당한 경험이 있는 사람일 확률이 높다. 그런 사람들 주변에는 만나도 전혀 즐겁지 않거나, 전혀 자기를 인정해 주지 않는 부모나 형제들이 있는 경우가 종종 있다.

자기들이 갖고 있는 고통의 원인이 무엇인지 전혀 알지도 못한 채 이런 사람들은 무의식적으로 여러 예기치 않은 상황에서 '지능적인 정신 폭력자' 가 된다. 이들은 자동적으로 움직이는 방향키를 따라 움직이고 있는 것이다. 자기가 무엇을 하고 있는지, 무엇을 해야 할지도 모르고 있는 것이다.

이런 역할에 슬그머니 들어와 있는 것은 '지능적인 정신 폭력자' 본인이거나 희생자에게 전혀 이득이 없다. '지능적인 정신 폭력자'는 그런 행동으로 많은 싸움에서 이길 수 있을는지 모르지만 결국에는 그 전쟁에서 패배한다. 일시적으로 다른 사람을 조종하고 제압할 수 있을지 모르나, 결국 아무도 그 사람 주변에 머물기를 원치 않을 것이다. 물론 일부 '지능적인 정신 폭력자'는 히틀러처럼 아주 영리하고 섬세해서 언제나 주위에 조종하고 제압할 사람들이 머물 수도 있다.

'지능적인 정신 폭력자' 식별하기

소유욕과 질투심이 강하면서 당신에게 아첨하는 사람들을 만난 적이 있을 것이다. 그러다가 얼마가지 않아 마치 생색을 내듯이 당신을 대할 때 당혹감을 느꼈던 적이 있을 것이다. 이런 사람은 당신이 다른 사람에게 관심을 가질 때 특별히 당신에게 흥미를 느끼다가, 당신이 대부분의 시간을 그를 위해 쏟으면 그만 싫증을 낸다. 그런 사람은 자기 의지나 의견에 반대

되는 행위를 당신이 하면 몹시 화를 낸다. 당신 자신의 생각을 고집하면 더욱 화를 낸다.

이런 사람과 연애를 한다는 것은 사랑의 진실한 표현이라기보다는 리비도(libido : 성적욕망)의 만족과 같은 것이다. 때때로 이런 경향이 모든 사람에게서 발견되기도 하지만 '지능적인 정신 폭력자' 에게서는 훨씬 많다.

이런 '지능적인 정신 폭력자' 를 다루려면 먼저 이런 사람을 찾아낼 수 있어야 한다. '지능적인 정신 폭력' 방법은 아주 영리하고, 교묘하고, 은밀해서 쉽게 간파할 수가 없다. 만일 언제나 함께 있을 때 기분을 나쁘게 만드는 어떤 사람이 있다고 하면, 직장 안에서 당신을 불안하게 만드는 사람이거나, 아니면 '지능적인 정신 폭력자' 일 수 있다. 또는 이 둘 다일 수 있다.

간단히 말하면, 당신의 불안과 근심은 당신의 무의식속에 숨어 있어서 전혀 주목받거나, 알아차리거나, 허용되지 못했던 과거의 경험에서 생긴 것이다. 그 무의식은 당신이 직장에서 느끼는 어떤 사소하고도 우연한 순간에 고통이나, 방어, 내향성을 일으키기 위한 만반의 준비를 갖추고 기다리고 있다. 영리하고 '지능적인 정신 폭력자' 는 당신의 가장 예민한 부분을 찾아서 쉽게 상처받도록 만들어 당신을 조종하려고 그 무의식을 이용한다.

'지능적인 정신 폭력자' 인지 아닌지 확인하는데 가장 중요한 점은 그들의 다양한 특성이 아니라 '지능적인 정신 폭력자' 일 가능성이 있는 사람과 함께 회사에 있는 어느 기간 동안, 어떤 느낌을 갖느냐 하는 것이다. '지능적인 정신 폭력자' 가 사용하는 모든 수단과 방법을 다 알 필요는 없다. 그런 사람과 어울리다 보면 자연스레 느낄 수 있는 것이다.

나는 수년 동안 경험을 통해 '지능적인 정신 폭력자' 들 사이에서 공통적으로 나타나는 일반적인 몇 가지 특성을 알았다. 이러한 특성은 '지능적인 정신 폭력자' 뿐만 아니라 일반적인 사람도 있다는 사실을 알아주길 바란다. 일반적으로 '지능적인 정신 폭력자' 들에게서 나타나는 공통적인 세 가지 특성은 다음과 같다.

· 강한 자아
· 오만함
· 권위의식

이런 특성이란 게 과연 어떤 의미가 있을까? 강한 자아란 자존신이 결핍된 사람들에게서 나타나는 특성이다. 이런 사람들은 얼핏 보면 멋지고 화끈한 사람처럼 보이지만, 자세히 살펴보면 그들에 대한 감정이나 평가가 좋지 않다. 따라서 그들의 행동은 위장된 것이다. 오만함은 자신감이 부족한데서 발생하는 것이다. 자신감이 없으면 오만함은 좋은 위장이 된다. 그렇다면 권위의식이란 무엇일까?

나는 2년간 이것이 정확히 무슨 의미인지 연구해 왔다. 나는, 자신은 그럴만한 자격이 충분히 있다고 생각하는 틀에 갇혀 사는 사람들을 가끔 만난다. 내 아내는 간호사인데 그 사람 말에 따르면 병원에서 이런 환자들을 종종 목격한다고 했다. 어떤 사람은 보험에 가입도 하지 않고 와서는 병원직원이 목숨을 살려주기를 바라고, 다음날 아침, "케이블 TV가 왜 없지요?"라고 불평한다.

권위의식은 일에 대한 성취결과가 부족한 것을 감춰준다. 학교에서는 집중을 하지 못하고, 숙제도 안 해 오고, 좋은 점수도 받지 못하는 학생을 어렵지 않게 만날 수 있다. 이런 학생은 그 어떤 것도 제대로 수행하지 못하기 때문에 남의 것을 강탈하고 싶어 한다.

한 어린아이가 산악자전거를 사기 위해 용돈을 아껴 저축하고, 또 잔디 깎는 일을 해서 용돈을 벌어 마침내 300달러짜리 자전거를 샀다. 그런데 그의 형이 다음날 순식간에 그 자전거를 팔아버렸다. 그 뒤, 나는 그의 형이 권위의식을 가지고 있다는 것을 알아챘다. 그의 감정은 이렇게 말하고 있었다. "만일 내가 아무 것도 제대로 못해서 그 어떤 것도 얻을 수 없다면 빼앗을 수밖에 없어."

자, 우리는 여기서 자기에 대한 자신감을 갖고(오만함), 자기가 원하는 것이 무엇인지 알아서 자기가 그 자리를 차지하고(권위의식) 있는 것처럼 떠돌아다니면서 자기가 훌륭하다(강한 자아)고 여기는 사람을 보았다. 그런데 당신은 그런 사람이 실수로 이 모든 것을 함께 가지고 있다고 생각할지도 모른다. 하지만 그것은 잘못된 생각이다!

만일 강한 자아, 오만함, 권위의식과 자아도취에 빠진 사람을 만나면 '지능적인 정신 폭력'을 경계하라. 당신한테 일어나지 않을지는 모르지만 앞서 말한 세 가지 특성을 고려해볼 때 일어날 가능성이 높다.

이제 당신도 '지능적인 정신 폭력자'를 분별해낼 수 있을 만큼 이 책을 통해 충분한 정보와 자료를 얻었으리라 생각한다.

당신은 스스로 알고 있는 느낌을 따르면 된다. 누군가와 함께 있는데 끊임없이 신경을 거슬리는 느낌이 든다면 그 사람이 대체 무슨 일을 하고 있는지 자세히 살펴보라.

이 책은 '지능적인 정신 폭력'의 모든 기술과 테크닉을 설명하지 못한다. 사실 더 많은 지면을 할애한다면 많은 '지능적인 정신 폭력'의 수법과 특성을 소개할 수도 있다. 하지만 이 책은 단순히 "다른 사람들을 경계해야" 한다는 의미로 쓴 것이 아니다

'지능적인 정신 폭력자'라는 소재를 통해 내가 말하고자 하는 본질은 당신을 겁주기 위함이 아니다. 이런 정보를 읽고서 세상을 경계하여 사람들과 등지지 말라는 것이다. 나는 이런 종류의 행동양상이 종종 어떤 사람들에게 존재하며, 그럴 때 어떻게 대처해야 할지를 말하고 있는 것이다. 이러한 특성을 분별하고 인식하여 '지능적인 정신 폭력자'가 공격해올 때 자기 내부로 움츠려 들어 위축되지 않도록 만들기 위함이다.

추정하건대, 전 세계 인구의 약 1%는 의도적으로 '지능적인 정신 폭력'을 하는 사람이다. 20%는 반 의식적인 '지능적인 정신 폭력자'이다. 만일 당신이 이 책을 읽고 있다면 당신은 1%에 해당되지 않을 가능성이 매우 높다. 진실하고 '지능적인 정

신 폭력자' 는 이 책에서 다루는 자기향상을 위한 방법들을 시도하려고 조차 하지 않으려는 사람들이다. 그들은 자기향상을 위한 노력이 필요 없다. 그들은 자기가 왜 이런 행동을 하고 있는지 분명히 인식하고 있기 때문이다.

자신감에도 어두운 측면이 있다. 당신이 하고자 하는 일의 목적이 무엇인지 알고 있다면 당신은 그것으로부터 자신감을 얻을 수 있다. 당신의 목적이 사람을 이용하는 것이라면 이것을 앎으로써 당신은 계산된 자신감을 가질 수 있다. 당신이 우세를 점하고 있기 때문에, 칼자루를 잡고 있기 때문에 우월감을 가질 수 있다. 그래서 그들은 자기들을 자신감 있는 사람이라 부른다.

이 책을 읽는 동안, 강렬한 감정이 불끈 솟아 화가 나거나 당황스러울 수도 있다. 그냥 투덜거리면서 그런 감정을 흘려보내라. 이 책을 읽은 뒤, 다시 자기 마음을 추스르기 위해 혼자 있을 시간이 필요할 수도 있다. 감정이 일어나 복받쳐 오르도록 내버려 두라. 자기감정을 믿어라.

진실한 '지능적인 정신 폭력자' 는 발견하기 쉽지 않다. 하지만 자기감정에 주의를 기울이고, '지능적인 정신 폭력자' 와 연관된 사람들에게 관심을 기울이면 그들을 알아볼 수 있을 것이다. '지능적인 정신 폭력자' 와 연관되어 있는 사람의 공통적인 특징은 '지능적인 정신 폭력자' 는 괜찮아 보이는데, 연관되어 있는 사람은 기분이 안 좋거나 최고의 상태가 아니라는 것이다.

'지능적인 정신 폭력자' 가 있는 가족의 경우, 정작 '지능적인 정신 폭력자' 만 제정신이고, 모두 정신적으로 문제가 있는 것처럼 보이지만, 사실은 정반대라는 것을 알 수 있다.

nasty people 2

'지능적인 정신 폭력'의 희생자

> 아무도 당신의 허락 없이 당신을 열등하게 만들 수 없다.
> – 엘리노어 루스벨트 (Eleanor Roosevelt : 루스벨트 대통령 부인) –

'지능적인 정신 폭력자'의 희생자는 어쩔 수 없이 계속해서 희생자가 된다. 예를 들면, 우리들 대부분은 고함치는 사람에게 강하게 반응한다. 어릴 적부터 우리는 무엇을 요구할 때 하는 행동으로 높은 목소리에 반응하도록 훈련 받아왔다.

그래서 어떤 사람이 언성을 높일 때 일부 사람들은 상대방의 비위를 맞추고, 불편한 상황을 피하기 위해 상대방 요구를 들어준다. 그리고 또 다른 일부 사람들은 하기 싫은 것을 하도록 강압하는 상황과 불편한 심기를 없애기 위해 반발하며 되받아 소리친다. 이 두 대응방식은 모두 다 과거에 희생자였던 사람들이 나타내는 행동반응이다. 우리는 역기능적으로 이러한 상황을 다루는 법을 배워왔고 유사한 상황에서 비슷하게 반응하는 법을 스스로 알고 있다.

'지능적인 정신 폭력자'는 계속 희생자를 만든다

당신이 '지능적인 정신 폭력자' 모임의 충실한 회원과 사귀고 있다고 생각해보자. '지능적인 정신 폭력자' 회원들은 결코 서로 만나서 화합을 도모하지 않는다. 왜냐하면 그들은 서로를 좋은 친구로 생각하지 않기 때문이다. 만일 당신이 '지능적인 정신 폭력자' 중 가장 충실한, 심보가 고약한 1%의 사람들과 접촉을 원한다면 그들을 다루기 위해 알아두어야 할 몇 가지가 있다.

보통 '지능적인 정신 폭력자'는 먼저 주도권을 잡지 않으면

안 된다. 그건 그에게 생존과 같은 것이다. 즉 자아 생존 법칙이다. 만일 그가 당신보다 열등하다고 자신을 생각하면 그는 당신을 지배할 수 있도록 당신을 평가절하하여 강제로 억눌러야 한다고 언제나 느낄 것이다.

맨 처음, 당신은 이런 상황에 염증이 나서 나약해지거나, 곤란함을 느끼거나, 아니면 어떤 식으로든 감정이 다운될 것이다. 이때 '지능적인 정신 폭력자'는 당신이 낮은 자세를 유지하고 있는지 확인한다. 만일 당신이 그런 종류의 게임을 즐기면서 살아가길 원한다면 그건 순전히 당신에게 달린 일이다.

'지능적인 정신 폭력자'가 아주 매력적이고, 모험적이고, 대단히 지성적인 사람으로 보일지도 모른다. 그가 당신을 즐겁게 해준다면 관계가 지속되는 동안은 즐겨라. 하지만 비참한 결과는 곧바로 찾아올 것이다. 감정이 극도로 침체되고 상처 받는 그런 위치로 당신이 몰리게 되리라고 생각조차 않을지도 모른다. 하지만 이런 "1%"의 나쁜 사람들과 관계를 맺고 있다면 분명 당신은 감정이 극도로 침체될 것이다. 그러니 부디 좋은 여행이 되길 빈다.

당신은 '지능적인 정신 폭력자'에게 끊임없이 반응해야 하는, 심신질환자(psychosomatic illness)가 될지도 모르는 스트레

'지능적인 정신 폭력자'는 당신에게
아주 매력적이고, 모험적이고, 지성적인 사람으로 보일 수 있다.
하지만 그들은 언제나 주도권을 놓지 않고
당신을 조종하려고 한다.

스 상황아래에서 생활을 해야 할 것이다. 나는 결혼이나 가족, 친지 관계를 통해 '지능적인 정신 폭력자'와 연결되어 있는 몇 사람을 알고 있다. 이런 희생자 중 일부는 위궤양, 심장병, 암, 그리고 과민성 대장증세와 기타 장애 및 심신질환을 앓고 있다. 날마다 '지능적인 정신 폭력자'를 조종해야 하는 스트레스 속에 있다는 것은, 설령 아무리 당신이 그걸 잘 조종한다하더라도 당신의 건강과 영혼을 잠식해 들어갈 것이다.(2000년 드로스만 : Drossman, 2002년 쇼어 : Shorr)

그리고 진정한 '지능적인 정신 폭력자'와 관계를 지속하려면 당신은 조종하고, 또 조종하고, 또 조종해야 한다….이런 짓을 지겹도록 무한정으로 계속해야 한다. 만일 당신이 그 사람 곁을 떠나려 하면 고래고래 고함치면서 미쳐 날뛰던 사람이 갑자기 부드러워져서 자기가 못되게 굴었음을 인정할 것이다. 자기 날개 아래로 당신을 돌아오게 하는 일이라면 어떤 짓이라도 할 것이다.

당신이 없으면 자기가 얼마나 비참한지를 애원한다. 그러면 그 사람이 불쌍해져서 되돌아가기로 결심할 것이고, 그때 그는 당신이 그 동정심을 발휘한데 대해 은근히 바보로 간주한다. 그는 조금 시간을 봐가며 기다렸다가 다시 낚심시키기 위한 작업을 시작한다.

진짜 '지능적인 정신 폭력자'는 당신을 곁에 붙들어 놓기 위해 그 어떤 말이라도 한다. 소유해야 하기 때문이다. 당신을 사랑하기 때문이 아니다. '지능적인 정신 폭력자'는 지배해야 하기 때문에 당신을 소유해야 한다. 당신을 사랑하기 때문이 아니라 조종해야 하기 때문이다. 당신을 진정 원해서가 아니라, 권력을 향한 그의 욕망을 수행해야 하기 때문에 당신이 필요하다. 당신에 대한 흥미와 관심을 느껴서가 아니라, 자기 목적을 수행하는데 필요하기 때문에 당신이 있어야 한다. 그가 오직 당신에게 흥미를 느끼는 것은 약점을 잡아서 조종하기 위해 활용할 수 있다는 것이다.

여기서 '지능적인 정신 폭력자'가 그런 짓을 하고 있는 것을 자기 스스로 의식하고 있느냐 아니냐는 문제가 되지 않는다. 의식하지 않고 행한 일이라 할지라도 어차피 그의 책임이다. 어떤 사람이 당신을 총으로 쐈다면 그걸 의식적으로 했느냐 무의식적으로 했느냐가 중요한 게 아니다. 왜냐하면 당신은 어차피 죽기 때문이다. 남을 괴롭히는 이런 경우에 있어서는, 무의식적으로 그것을 행하는 사람을 다루는 일이 때로는 더 힘들다. 만일 그런 사람이 여자(배우자, 아내, 상사 등)라면, 그녀가 무슨 짓을 하고 있는지 정면으로 대들고 나서면 이렇게 말할 것이다.

"어떻게 그런 바보 같은 생각을 할 수 있어요? 내가 당신을 괴롭히고 있다고! 당신이 나를 비난하면서 나를 괴롭히고 있잖아!"

그런 말을 듣고 나면 당신은 아마도 그녀의 마음을 아프게 했을지도 모른다는 생각에 움찔할 것이다. 하지만 생각해 봐야 할 것이 있다. 먼저, 그녀가 무의식적으로 당신을 공격하고 상처 주는 행위를 한다면, 엄마, 아버지, 배우자, 또는 상사와 같은 다른 '지능적인 정신 폭력자'와 연계되어 있는 경우가 많다는 사실이다.

그녀가 화를 낼 때 당신에게 상처를 주는 공격적인 행위를 나타낼 수도 있다. 의도적이지 않고 무의식적으로 하는 '지능적인 정신 폭력자'의 행위는 맞대응하기가 쉽지 않다. 아무도 그녀가 당신을 상처주고 제압하려 한다고 생각하고 싶지 않기 때문이다. 다시 말하지만, 그녀가 자기 문제를 깨닫지 못하는 것은 당신의 문제가 아니다. 당신은 그녀가 의식을 하고 그 행위를 하는 것처럼 다루어야 한다.

내 생각으로는, 그녀에게 할 수 있는 최선의 방법은 1. 행위 지적하기 2. 입장 고수하기 3. 알아듣지 않을 때 관계 끊기이다. 당신과 관계가 멀어질 것이라는 사실에 직면할 때쯤에서야 그녀는 다시 돌아올 것이다.

희생자 만들기

사람은 다른 사람의 말을 듣기 좋아하도록 태어났다. 하지만 여러 해 동안 계속 다른 사람이 나를 의기소침하게 만드는 말을 듣게 된다면 더 이상 들으려고 하지 않을 것이다. 또한 사람은 잘못을 저지를 수 있도록 태어났다. 하지만 '지능적인 정신 폭력자'가 끊임없이 잘못을 지적하게 되면 하나라도 실수나 잘못을 저지르지 않으려고 노력하게 된다.

'지능적인 정신 폭력자'는 사람들이 비판을 많이 만들어 내는 것이나 크게 주목받는 어떤 희생자를 깎아내리기를 좋아한다는 것을 남용한다. 그러면 희생자들은 언제나 항상 잘못을 저지르는 것처럼 보이는 끔찍한 느낌으로부터 벗어나기 위해 완전히 다른 사람 말을 듣지 않게 된다.

이런 방어는 희생자가 '지능적인 정신 폭력자'의 말을 듣지 않게 만들어 '지능적인 정신 폭력'의 과정에서 오는 고통의 일부를 덜 수 있도록 한다.

하지만 한편으로는 '지능적인 정신 폭력자'뿐만 아니라 그 누구의 말도 듣지 않도록 귀를 막아버리고, 언제나 자기만이 완전히 옳은 사람처럼 보이도록 만든다.

결국 희생자는 듣고자 하는 자유의지(willingness to listen)와 잘못된 일을 저지르고자 하는 자유의지(willingness to be wrong)를 상실하고 만다. 그리고 시간이 지날수록 점점 다른 사람의 행동요인까지도 의심하게 된다. 당신 주변에도 다른 사람의 말은 전혀 듣지 않고 자기 말만 늘어놓는 사람이 있을 것이다. 그 사람의 과거에도 '지능적인 정신 폭력자'가 있었을까?

'지능적인 정신 폭력자' 때문에 상처받은 적이 있는 사람의 경우는 대부분 성격이 아주 수줍고 조용한 편이다. 이들은 '지

'지능적인 정신 폭력자' 때문에 상처받은 적이 있는 사람의 경우는
대부분 성격이 아주 수줍고 조용한 편이다.

능적인 정신 폭력' 을 당할까 두려워 입 밖으로 말 뱉기를 두려워한다. 어느 누구와도 친구관계를 원하지 않은 것처럼 보이는데, 그것은 두려움에서 비롯된 것이다.

수줍은 사람은 천성적으로 조용하고 말수가 적을 수도 있다. 또는 자기에 대해 말을 할 때마다 자존심을 짓밟고 서있는 '지능적인 정신 폭력자' 와 연관되어 있는 경우도 있을 수 있다. 조용하기를 선택하는 것과 억눌린 감정 사이에는 차이가 있다.

'지능적인 정신 폭력자' 와의 관계를 통해 생성된 또 다른 희생자들의 성향을 살펴보면 아주 고집이 세다. 이들은 본인을 의지가 강한 사람이라고 일컫는다. 하지만 이런 사람 역시 '지능적인 정신 폭력자' 와의 관계에서 만들어진 성격 유형으로, 무엇이든지 간에 한 걸음도 물러서지 않고 자기 입장만을 고집하며 그 어떤 경우에도 마음을 바꾸려 들지 않는다. 자신은 결코 잘못한 것이 없다고 생각한다.

다른 사람의 말을 듣지 않고, 잘못을 저지르지 않는다면 자신의 행동을 어떻게 교정할 수 있을까? 신이 우리에게 준 의사소통이라는 재능을 망치는 것은 한 사람이 다른 사람에게 할 수 있는 가장 파괴적인 행위이다. 마찬가지로, 가장 큰 재앙은 상처받는 두려움 때문에 의사소통 능력을 제한하거나 왜곡시키도록 강요하기를 허락함으로써 우리 스스로가 농락당하는 경우이다.

행동성 기능장애

잘못된 행위를 하는 일반적인 대부분의 사람들은 다음과 같은 과정을 거친다.

1. 잘못된 행위를 한다.
2. 죄책감을 느낀다.
3. 책임감을 느낀다.
4. 잘못을 속죄한다.

이것은 우리 사회와 개인 삶에서 잘못된 행위를 다루는 가장 치료학적이며, 기능적인 방법이다.

만일 우리가 누군가를 속여서 10달러를 빼앗았다면 죄책감을 느낀다. 그러면 우리는 속였다는 사실을 말하고 10달러를 되돌려 준다. 이것은 아주 간단하고 깔끔하며 치료적인 방법이다. (우리가 믿는 여러 신이나 성모 마리아에게 기댈 수도 있다)

어떤 사람에게는 이것이 그들의 내적인 투시 속(within their

perspective)에 있지 않다. 아마 그들은 오랫동안 똑같은 잘못을 저질러왔기 때문에 이미 타성에 사로 잡혀 있는지도 모른다. 그들의 기능장애 접근 방식은 다음과 같다.

1. 잘못된 행위를 한다.
2. 죄책감을 못 느낀다. 대신 자기 행위를 정당화시킨다.
3. 책임감을 못 느낀다. 그래서 다른 희생자를 비난한다.
4. 잘못을 뉘우칠 수 없다. 그래서 희생자를 경멸하고 자기 시각으로 낮춘다. 이렇게 하고 나면 첫 단계를 반복하는 것이 더욱 쉬워진다.

나는 이러한 이론을 세미나에 참가한 성직자들에게 제시해 봤는데 모두들 긍정적인 반응을 보였다. 기능장애 방식은 악순환 구조로 시작하여 희생자가 대면하고 있는 가해자로부터 존경을 얻을 때까지 계속해서 반복한다. 그러면 가해자는 벌을 받는 느낌이 든다. 그리고 이런 악순환은 다음 단계로 들어가기 전에서만 일시적으로 멈춘다.

더 자세히 이야기한다면, 대부분의 사람들은 조(Joe)가 프레드(Fred)에게 상처 주는 행위나 말을 했을 때 무슨 일이 일어날 거라는 것에 익숙해 있다. 프레드는 조를 상처주기 위해 신경을 곤두세운다. 아주 단순한 이치이다. 누군가 당신에게 상처주는 행위나 말을 하면 그 사람에게 상처 주는 말과 행위를 되돌려 주고자 한다. 그러나 대부분의 사람들이 깨닫지 못하는 것이 있는데 바로 다음과 같은 사건의 결과이다.

1. 조가 프레드에게 상처를 준다. 예를 들면, 조가 프레드를 공격하고 제압한다.
2. 프레드는 조가 자기에게 상처주고 있다는 것을 깨닫지 못하지만 기분이 나쁘다.
3. 조는 프레드가 기분 상한 것을 알지만, 또한 프레드가 똑같은 상처를 되돌려 주지 않을 것이라는 걸 안다.
4. 조는 자기가 잘못했다는 느낌(죄책감)을 싫어한다. 자기가 행한 일이 옳다는 것을 입증하기 위해 조는 프레드에게 왜 상처를 줬는지 그럴듯한 변명을 만들어 내기 시작한다. 프레드를 상처 준데 대한 변명과 구실을 찾는다. 조는 이렇게 생각할 것이다. "혼자 날뛰는 놈은 그런 상처를 받을 만해." 혹은 이렇게 생각할 것이다. "바보 멍텅구리 같은 놈이야. 밟아줄 필요가 있어."

5. 일난 조가 프레드에게 상처를 입힌 언행이 정당화되면 그는 계속해서 그 정당성을 근거로 프레드에게 상처 주는 언행을 할 것이다.
6. 조는 상처받도록 자기 자신을 바보처럼 내맡기고 있는 프레드에게 존경심을 상실한다.

이런 행위는 프레드가 정신적으로 파괴되고 신경계에 이상이 생기거나 악화될 때까지 계속된다. 혹은 프레드가 결국 조에게 맞대응해 "이봐, 제기랄, 자네의 그 못된 짓을 더 이상 보고만 있지는 않겠네." 라고 말할 때까지 계속될 것이다.

만일 프레드가 한 인격체로서 스스로를 쓸모없고 열등하다고 생각하고 있다면 그는 자기주장을 굽히고 조가 자기 영역을 침범하도록 내버려 둘 것이다. 우리는 종종 아주 좋게 보이는 사람이 자기 삶을 비참하게 만드는 이상한 사람의 폭력을 견뎌내고 있는 것을 목격한다. 왜 그 사람이 그런 일을 당하는지 이해하지 못한다. 아마도 그런 사람은 자기가 좋은 사람과 어울릴 만한 가치가 없다고 느끼기 때문일 것이다. 그런 사람은 자기에게 친절한 좋은 사람을 받아들일 수 없다고 생각한다. 항상 자신을 비난하고 못살게 구는 사람과 유착되어 있다.

이런 사람이 '지능적인 정신 폭력'을 조종하게 되었다고 치자. 그러면 살아날 수 있지 않은가? 그렇지 않은가? 하지만 이런 사람은 다른 사람으로부터 약간의 칭찬이나 애정만 받아도 그것을 어떻게 조종할지를 모른다.

지능적으로 정신적인 폭력을 한 사람들이 항상 못된 것은 아니다. '수동 · 공격적 성격장애가 있는 희생자(passive-aggressive victim)'는 자기가 '지능적으로 정신 폭력'을 당하고 있는 것처럼 보이는 장면을 연출할 수도 있다. 프레드(Fred)가 구역질나도록 아첨하면서 비굴하게 조 주변을 얼쩡대면서 자기가 '지능적인 정신 폭력'을 당하고 있는 것처럼 연출할 수도 있다.

당신은 낙담할 만큼 충격을 받았던 사람을 만나본 적이 있는가? 이런 사람은 마을에서 가장 친절하고 좋은 사람으로 보이지만, 그는 마을 사람들에게 책임을 지지 않고 무의식적으로 작은 "실수"를 연발한다.

이런 사람은 모임 같은 곳에 항상 늦으며, 늦은 것에 대해 언제나 그럴듯한 변명을 늘어놓는다. 그리고 몸을 움츠리며 자기에게 화를 낸데 대해 당신을 형편없는 사람처럼 보이게 한다. 이러한 사람의 반응이 시사하는 것은 "내가 얼마나 구역질나는 놈인지 잘 봐라."이다.

사람들은 자기 존중심이 없는 사람에게는 존중과 존경을 하지 않는 경향이 있다. 당신이 어떤 사람에게 무슨 일로 축하해줄 때 그 사람이 자신에게 선의를 가지고 있지 않기 때문에 당신의 축하를 하찮게 만들 수도 있다. 그는 아주 멋진 사람일 수 있다. 그런데도 그는 마치 자석처럼 '지능적인 정신 폭력자' 를 끌어들인다. 이런 사람일수록 당신과 좋은 시간을 보내는 대신에 쓰레기 같은 사람과 쓸데없이 기분 좋지 않은 시간을 보내기를 선택할 것이다.

만일 그런 사람이 당신과 함께 있다면 그는 끊임없이 자기가 얼마나 비참하고 어쩔 수 없는 패배자인지를 증명하려 들 것이다. 그는 자기가 희생자이며 초라한 영혼을 가진 사람이라 생각하면서 자기의 이런 생각이 옳은 판단이라고 믿는다. 그는 이렇게 세상을 정의하고 모든 사람에게 이를 끊임없이 증명하려 든다.

과거에는 그의 주변에 '지능적인 정신 폭력자' 가 있었다…. 하지만 이제는 그의 머릿속에 '지능적인 정신 폭력자' 가 앉아 있는 것이다. 그는 '지능적인 정신 폭력자' 를 내재화시켜, 스스로가 대항하게끔 바꾸었다. 하지만 조심하라. 그의 비참함이 다른 동료를 사랑하여, 또 다른 동료를 만든다.

'지능적인 정신 폭력자' 는 희생자가 "내 잘못이야. 내가 잘못했어."라고 말하도록 정황을 짜놓는다. 그리고 희생자는 자신을 희생자로 간주하여 책임감을 갖지 않고, 자기는 정말로 억울한 희생자이고, 따라서 자신이 옳다는 것을 증명하려 안간힘을 쓴다.

희생자는 자기 삶의 비극을 들어달라고 계속 당신의 귀를 잡아당길 것이다. 끔찍한 상황, 주정뱅이 남편, 화재로 폐허가 된 집, 직장을 구하지 못해 전전긍긍하는 상태 등을 말한다. 이러한 일련의 비극적인 상황에 대해 비난할 대상이 언제나 있다. 자기가 아닌 "그 누군가"가 이 사람에게 이 모든 비극을 가져다 주었다고 믿는다. 그리고 자기는 이 상황을 어쩔 도리가 없다는 식으로 변명한다.

"차가 고속도로로 돌진하더니 나무를 박았어."(이 사람은 사실 음주운전을 한 사람이다.)

그러자 운전면허가 정지되었고, 그래서 이 사람은 직장을 잃었다. 그러면,

"열심히 6개월간 일하다가 다만 면허정지 때문에 일하러가지 못했는데 해고시켰다."

고 불평한다.

희생자는 자기 삶의 비극을 들어달라고 당신의 귀를 잡아당긴다.
그들에게는 일련의 비극적 상황에 대해 비난할 대상이 언제나 있다.
'차가 고속도로로 돌진하더니 나무를 박았어.'
(이사람은 음주운전자이다.)

이 사람은 자기 의견에 당신이 동의해 주기를 바란다. 그래서 희생자로서 자기가 더욱 정당화될 수 있다는 느낌을 받으려 한다. 이 사람은 당신이 그를 위해 한 어떤 것도 자기가 받을 자격이 없다고 느끼기 때문에 고마워하지 않는다. 그 사람을 기쁘거나 행복하게 만들 수 없다. 행복이란 그의 인생 사전엔 없는 단어이다. 이런 종류의 사람은 '지능적인 정신 폭력자' 와 완벽한 짝을 이룬다. 이런 사람은 비참하고 불행하게 살아간다. 일들과 상황이 너무 좋게 잘 진행되면 자기 생활 속에서 화낼 일을 만들어낸다.

이런 희생자를 도와주고자 하는 노력은 결코 효과를 볼 수가 없다. 이런 사람은 언젠가 무의식적으로 자기 삶을 다시 엉망진창으로 만들어 버린다. 당신은 어쩔 수 없이 무력감을 느끼게 될 것이다. 그리고 이런 사람은 희생자 행위를 스스로 인식하여 뭔가 하려고 할 때까지는 사실 당신이 해 줄 것이 거의 없다. 본인 스스로 변하려고 하는 의도가 있어야 한다. 자신의 불운과 나약한 의지력에 대한 불평을 멈추고, 패배자가 되기를 멈추고, 결단을 내려야 한다.

내 친구 중 하나가 한 여자를 만났는데 그 여자는 상황이 좋지 않았다. 집세를 내지 못해 집주인에게 쫓겨날 처지였다. 그 여자는 50달러만 있으면 집세를 낼 수 있다고 친구에게 돈을 부탁했다. 그 여자에겐 두 명의 아이가 있었고, 친구는 그 여자와 아이들이 거리로 나가 앉는 꼴을 보고 싶지 않아 50달러를 선뜻 내줬다. 그러고 나서 얼마 뒤, 거리에서 우연히 그 여자와 아이들과 마주쳤다. 내 친구는 안부를 묻다가 집주인이 결국 쫓아냈다는 말을 듣고 놀라 물었다.

"집세를 냈잖아요." 그러자,

"글쎄, 그게 말이죠. 집주인에게 집세를 내러 가는 중이었는데 말이죠. 옷가게를 지나가다가 보니 오랫동안 사고 싶었던 옷이 걸려 있는 거였어요. 마침 바겐세일 중이었고 45달러밖에 안 됐어요. 그냥 지나칠 수가 없더라고요."

라고 그녀는 말했다.

한 사람의 본연의 실체는 어떤 사람이 되고자 하는 의도와 의지에 기인한다. 만일 그 사람이 가치 있고, 쓸모 있는 사람이 되고자 한다면 그 누구도 막을 수 없다. 그런 사람은 자기가 얼마나 무가치한지 증명하려는 노력을 멈출 것이다. 개개인의 가치는 각 사람 자신에 의해 결정된다. 만일 어떤 사람이 좋은 의도를 가지고 있다면 그것을 실현하는데 장벽을 만나고 실수를 저지른다 해도 형편없거나 불쌍한 사람은 아니다. 일단 그 사람이 더 이상 희생자가 되지 않겠다고 결단을 내리면 그 사람을 희생자로 만들 방도는 전혀 없다.

그의 삶에 간헐적으로 찾아오는 실수나 장애가 아닌, 훌륭하게 개발시키는데 초점을 맞출 수 있다. 자신을 자유롭게 하고자 하는 참된 의도가 자신을 해방시키는 데 큰 도움을 줄 것이다.

사례분석: 두 명의 무용수

연습실에서 연습하고 있는 두 명의 무용수를 비교해 보자.

첫 번째 무용수는 X자 스텝을 연습하고자 한다. 그러나 실패한다. 그 무용수는 다시 X자 스텝을 연습한다. 그러나 다시 실패한다. 그리고 그 무용수는 다시 X자 스텝을 밟아본다. 마침내 그는 성공한다. 이 무용수는 자기 춤을 더 훌륭히 완성시키는데 역점을 둔다.

첫 번째 무용수는 부단한 연습으로 성공한다.
두 번째 무용수는 연습을 하지만 실패한다.
그는 바닥이 미끄럽다고 탓하고 첫 번째 무용수에게 열등감을 느낀다.

두 번째 무용수가 X자 스텝을 연습한다. 그는 실패한다. 그는 미끄러운 바닥을 불평한다. 그는 자기가 결코 이 스텝을 해낼 수 없을 거라 결단을 내린다. 그는 자기 춤을 첫 번째 무용수와 비교하고는 열등감을 느낀다. 그는 X자 스텝을 밟아보고 싶어 한다. 그는 실패한다. 그는 낙심한다. 그는 자신이 얼마나 형편없는 무용수인가 하고 생각한다.

그는 자기 부모가 좀더 어렸을 때 발레 과외를 시켜주지 않았다고 불평한다. 그는 세상이 하도 불공평해서 돈이 없는 집안에서 태어나 자랐다고 불평한다. 그는 정말로 형편없는 X자 스텝을 만든다. 결국 아예 포기하거나, 아니면 마침내 X자 스텝을 성공하게 된다.

만일 그가 마침내 X자 스텝에 성공했다면 그는 아직 X자 스텝을 못하는 무용수와 자신을 비교하게 된다. 그리고 자신의 놀라운 자신감과 자아를 과시한다. 그러는 동안 첫 번째 무용수는 Y와 Z스텝을 밟을 수 있게 된다.

이 장은 두 사람의 유형을 다루려고 하는 것이 아니다.

만일 당신이 실제 사람들에 대한 '희생자', 혹은 '지능적인 정신 폭력자' 라는 핀에 꽂힌 이름표를 가질 수 있는 능력을 갖고 있다고 생각하게 된다면 당신은 많은 것을 얻을 수 없을 것이다.

이 장은 부분 또는 전체적으로 개개인에 존재할 수 있는 현상을 설명하고, 정체를 파악해가려는 것이다. 만일 이 책의 자료를 이용해서 누군가를 잘못되게 만들려고 한다면(?)… 분명히 이 책은 당신에게 필요할 것이다.

'지능적인 정신 폭력' 을 조종하려는 목적을 가지고 다른 사람의 '지능적인 정신 폭력' 을 지적하는 것은 그 사람에게 '지능적인 정신 폭력' 을 가하는 것이 아니다. (비록 그 남자나 여자가 '지능적인 정신 폭력' 을 당한 느낌이 든다 하더라도)

그 남자나 그 여자를 나쁘게 만들 목적으로 다른 사람에게 '지능적인 정신 폭력' 을 폭로하는 것은 '지능적인 정신 폭력' 행위 그 자체이다. 모든 것에 차이를 만드는 것은 행동이나 말 뒤에 숨은 의도이다. '지능적인 정신 폭력' 을 다루는 데는 당신의 의도를 확실히 앎으로써 커다란 자신감을 얻을 수 있다.

대부분의 사람들은 모두 '지능적인 정신 폭력자' 로서의 특성을 약간씩 갖고 있다. 1%의 사람은 의도적으로 끊임없이 자기 이익과, 힘과, 지배력을 얻기 위해 양심 없이 그런 행위를 한다.

하지만 보는 사람은 때때로 무의식적으로 '지능적인 정신 폭력자' 가 되기도 한다. 당신은 다른 사람을 괴롭히고 상처 준 적이 있는가? 아마도 그런 경험이 한두 번은 있을 것이다. 누군가 당신에게 나쁜 짓을 한다고 느낄 때 그럴 수 있다. 방어한다는 의미에서 그럴 수도 있다. 다음 장은 '지능적인 정신 폭력자' 에 관한 내용이다. 당신에게 누가 어떤 일을 하고 있는지 깨달을 수 있도록 도움을 줄 것이다. 그러면서도 당신이 '지능적인 정신 폭력자' 가 될 경우를 깨달을 수 있도록 도와줄 것이다.

nasty people 3

'지능적인 정신 폭력'의 악순환

> 매번 어떤 좋지 않은 상황에 처하게 될 때마다
> 어쩔 수 없는 상황이라고 받아들이고 그 고통을
> 헤쳐 나가며 살아간다면 당신은 그 이전보다 더
> 자유롭다는 것을 영원히 느끼게 될 것이다.
>
> – 엘리노어 루즈벨트(Eleanor Roosevelt) –

이 장을 통해서 나는 독자 여러분을 '지능적인 정신 폭력자' 라고 생각하고, '지능적인 정신 폭력' 의 순환 과정의 예를 들어 보겠다. 그리고 후반부에서는 독자 여러분을 상처받은 피해자로 간주하고 이야기를 이끌어 나갈 것이다.

'지능적인 정신 폭력자' 에 대하여

자, 이제 본인이 스스로 '지능적인 정신 폭력자' 라고 결정했을 것이다. 아니면 아직도 본인이 '지능적인 정신 폭력자' 인지 확신하지 못할지도 모른다. 또는 '지능적인 정신 폭력자' 라고 스스로 생각하지 않지만 저자가 '지능적인 정신 폭력자' 에게 무슨 말을 할 것인지 알기 위해 이 장을 읽고 있을 것이다. 만일 독자 중 자기가 '지능적인 정신 폭력자' 라고 인정한 사람이 있다면 나는 작가로서 이 역할에 정면으로 맞서려는 당신의 의지를 높이 사서 존경을 표한다.

우리 모두는 어떤 언행과 사건에 반응한다. 어떤 사람은 다른 사람에게 상처를 준다. 어떤 사람은 스스로에게 상처를 준다. 변화 뒤에 숨어 있는 비밀은 당신의 의도와 알려는 의지이다. 바로 그렇다. 너무 단순하게 들릴지도 모른다. 사실 이것은 아주 단순하지만 또 어려운 일이기도 하다.

기꺼이 이 글을 읽어준 데 대하여 고마움을 표한다. 이제 여러분은 내 책의 반 이상을 읽었고, 나는 '지능적인 정신 폭력자' 에 대해 아주 자세하게 설명해 왔다. 하지만 '지능적인 정신 폭력자' 가 따로 있는 것이 아니라는 사실을 알아줬으면 한다.

'지능적인 정신 폭력자'가 있는 것이 아니라 한 사람과 그 사람 속에서 작용하는 '지능적인 정신 폭력'이라는 심리과정(mechanism)만이 있을 뿐이다.

'지능적인 정신 폭력자(Invalidator)'라는 말을 사용한 것은 내 나름대로의 접근 방식이었을 뿐이다. 만일 여러분이 자신을 '지능적인 정신 폭력자'라고 생각한다면 그것이 얼마나 기꺼이 자신을 비하시키고자 하는 것인지 단적으로 보여주는 것이다.

자기가 '지능적인 정신 폭력' 행위를 하고 있음을
발견했다면 그 메커니즘이 무엇인지 알려고 노력하라.
여러분, 모든 '지능적인 정신 폭력자'들이여,
그 파괴적인 역할의 가면을 벗어던져라.

자기가 '지능적인 정신 폭력' 행위를 하고 있음을 발견했다면 그 메커니즘이 무엇인지 알려고 노력하라. 여러분, 모든 '지능적인 정신 폭력자' 들이여, 그 파괴적인 역할의 가면을 벗어던져라.

'지능적인 정신 폭력' 을 당장 멈추게 하는 방안으로는 아마 흡족치 않은 답변이라고 생각할 것이다. 당신은 지금 당장 '지능적인 정신 폭력자' 에게서 벗어나고 싶어 할 수도 있다. 그렇지만 너무 성급해서는 안 된다. 이 장을 읽고서 제대로 이해하면 스스로 그런 면을 제거할 수 있는 능력을 가질 수 있을 것이다. 시간이 필요하다. 사실 깜빡 잊은 게 있는데, '지능적인 정신 폭력자' 의 또 다른 특성 중 하나가 바로 조급성이라는 것이다.

'지능적인 정신 폭력자' 가 되는 이유

아침에 일어나 "아! 이제부터 사람들을 난처하게 만들고, 기분 나쁘게 만들어 주어야지." 라고 생각하는 사람은 거의 없을 것이다. '지능적인 정신 폭력' 행위는 학습되는 것이지 천성으로 갖고 태어나는 것은 아니다. 당신이 '지능적인 정신 폭력자' 가 되었다면 이유가 있다.

당신의 삶 속에서 당신에게 '지능적인 정신 폭력' 을 하는 사람은 어떤 사람일까? 그 사람은 당신이 사랑하거나 미워하는 사람일 수도 있다. '지능적인 정신 폭력' 행위는 한 사람에게서 다른 사람을 통해 전이되는 심리적인 과정이다.

당신의 삶 속에서 항상 "옳은" 사람은 누구인가? 당신은 누구의 손아귀 아래 있는가? 당신은 누구를 두려워하는가? 이런 질문들은 당신의 삶 속에서 상처 주는 자가 누구인지 파악하는 데 도움을 줄 것이다. 누가 당신을 '지능적으로 정신적인 폭력'을 하는가? 아니면 누가 다른 사람에게 '지능적인 정신 폭력'을 하는 것을 보았는가?

당신이 '지능적인 정신 폭력' 행위 때문에 자신을 원망한다면 당신은 또 다시 남에게 더 상처 주는 행위를 할 가능성이 높다. 다른 그 누구보다 당신 자신에게 '지능적인 정신 폭력' 행위를 할 기회가 더 많아진다. 당신은 못된 짐승 같거나 하찮은 사람처럼 느껴질 것이다. 당신을 사랑하는 사람이 당신 자신보다 더 못된 사람일 수도 있고 그래서 그 사람은 '지능적인 정신 폭력'을 받을 만하다고 생각한다. 결국 당신 같은 사람과 함께 어울려 살아가는 사람들의 기분을 분명 모두 엉망으로 만들 것이다.

'지능적인 정신 폭력' 을 멈추는 방법

자기가 '지능적인 정신 폭력자' 라는 사실을 깨달았다면 어떻게 해야 하고, 그것에서 벗어나고 싶다면 어떤 결단을 내려야 할까? 잠시 숨을 고르고, 자신을 있는 그대로 받아들이고 사실에 직면하도록 준비하라.

어느 시점이 되면 누군가 당신을 아주 잘못된 사람 취급하게 될 것이고, 당신은 잘못된 행위를 했음을 시인하게 될 것이다. 그러면 당신은 자신을 기본적으로 잘못된 사람이고 엉망인 사람으로 취급하게 된다. 또한 다른 사람들도 당신을 기본적으로 심보가 고약한 사람이라고 가정하게 될지도 모른다.

당신은 나쁜 사람처럼 보이지 않기 위해 당신이 일을 엉망으로 만들지 않았음을 증명하려고 많은 시간을 투자할 것이다. 따라서 마치 옳은 일만 하는 사람처럼 느낄 것이다. 당신은 항상 옳은 사람이어야 한다. 그러면 이제, 이 모든 것이 어떤 일을 발생시킬까?

그것은 '지능적인 정신 폭력' 이라는 메커니즘을 통해 일어나는데, 전염병처럼 한 사람에게서 다른 사람으로, 한 세대에서 다음 세대로 전염된다.

다시 한번 말하지만, '지능적인 정신 폭력자' 가 특별히 존재하는 것은 아니다. 다만 보통 평범한 사람과 그 사람과 약간 떨어져서 '지능적인 정신 폭력'이라는 메커니즘(심리과정)이 있을 뿐이다.

어떤 사람이 이런 메커니즘을 사용할 수도 있으나, 그 메커니즘은 사람이 아니다. 때때로 당신에게 '지능적인 정신 폭력'이 따라다닐지 모르지만 너무나 가까워서 그것이 보이지 않을 것이다. 때때로 당신은 '지능적인 정신 폭력'의 효과를 느낄지도 모른다. 당신이 누군가에게 '지능적인 정신 폭력' 행위를 하고 있음을 알지도 모른다. 그런 짓을 하고 싶지 않고, 다른 사람에게 그런 짓을 하는 자신을 좋아하지 않으면서도 계속하게 될 것이다.

마침내 당신이 포기하고 자신을 못된 놈이라고 수긍하는 것은 매우 실망스러운 일임에 틀림없다. 당신은 자신을 "나쁜" 사람으로 규정짓고 '지능적인 정신 폭력' 행위를 극화(drama)시킨다. 당신 스스로 '지능적인 정신 폭력'을 받는 것만큼이나 끊임없이 '지능적인 정신 폭력'을 하고 있음을 발견한다. 어쩔 수 없이 '지능적인 정신 폭력' 행위를 하고 있음을 느낀다. 당신이 '지능적인 정신 폭력자'와 동일시가 되어서 때때로 이것은 자동적으로 일어나고 있는 것처럼 보인다.

오직 2가지 방법밖에 없다고 생각한다.

1. '지능적인 정신 폭력자' 와 똑같이 행동하고 생존한다.
2. '지능적인 정신 폭력' 을 받는 것과 똑같이 행동하고 굴복한다.

당신은 상처주거나 상처받거나, 지배하거나 지배당하거나 해야 한다고 믿게 된다. 결국, 과거 경험을 통해서 '지능적인 정신 폭력자' 는 이기고 당신은 패배한다. 당신은 이전의 일을 재현한다. 무슨 말이냐 하면, 당신은 과거 드라마를 반복한다. 하지만 이번에는 승자, 즉 패배할 수 없는 못된 사람이 되려고 시도한다.

어떤 특정 상황에서 거의 기계처럼 똑같이 재현한다. 그렇게 하는 것은 당신이 아니다. 수년 전에 당신이 겪었던 부정적인 경험을 극화(drama)하는 것뿐이다. 당신이 그 행위를 재현할 때, 또는 한때 당신이 당했기 때문에 자동적으로 어떤 사람에게 '지능적인 정신 폭력' 을 행할 때 과연 누가 정말로 상처를 입을까?

악마가 있다면 영혼을 더럽히기 위해 열심히 노력하는 작업을 바라지 않을 것이다. 아마 악마는 전염병처럼 한 사람에게서 다른 사람으로 퍼져나가는 심보 고약한 전형적인 인물 원형을 만드는데 힘 쏟을 것이다.

결국, 그가 아주 악마 같은 사람이라면 싸우려고 몸부림치지도 않을 것이다. 흘러가는 강물에 몇 조각의 쓰레기를 내버리는 것이 더 쉬울 것이다. 따라서 그는 '지능적인 정신 폭력'을 만들어 전염시킬 것이다. 그리고 우리는 편히 쉬자고 할 것이다.

아마도 때때로 당신은 '지능적인 정신 폭력'을 겪기도 하고 그렇지 않기도 할 것이다. 거의 당신은 두 명의 다른 사람처럼 보일 것이다. 즉 한 사람은 좋은 의도를 가지고 있으며 아주 호의적이고 남에게 도움을 주려는 사람이고, 가끔 당신을 차지하는 또 다른 사람은 당신을 '지능적인 정신 폭력자'의 본체로 만든다. 이 악마적인 실체는 당신이 아니라, 다만 당신을 움직이고 조종하고 있는 역할일 뿐이다. 즉, '지능적인 정신 폭력자'의 역할이다.

아마도 당신이 그 역할을 맡고 있을 때 비현실적인 느낌을 가질 수도 있을 것이다. 당신은 다른 사람을 잘 움직이고 조종하지만, 사실상 당신이 조종당하고 있는 것처럼 느낄지도 모른다. 당신은 요구가 매우 많고, 권위적인 사람처럼 다른 사람에게 보일지도 모른다. 하지만 당신 내면에서는 어찌할 바를 모르고 두려움을 느낀다. 그와 같은 매우 요구적이고 권위주의적이며, '지능적인 정신 폭력'의 실체는 당신의 행위이고, 그것을 당신은 계속 반복해서 다시 재현하는 것이다.

만일 당신이 그 1% 안에 들어있다면 정확히 무엇을 하고 있는지 인식하고 있을 것이다. 하지만 다른 '지능적인 정신 폭력자'는 그렇지 못하다. 그들은 움츠려 들며 위축된 상태에서 '지능적인 정신 폭력'을 행한다. 때로는 이해하기 힘들다. 왜냐하면, 행위 동기나 어떤 특정 결과에 관한 것이 아니기 때문이다. 그건 드라마에 관한 문제이다. 잠재적인 희생자가 부상하여 그것을 개인적으로 받아들이지 않는다면 그 드라마는 곧 막을 내리게 될 것이다. 그렇지 않으면, 다른 사람과 함께 "그 속으로" 들어갈 것이다.

'지능적인 정신 폭력자'에게 일어나는 변화

'지능적인 정신 폭력자'에게 두 가지 일이 발생한다. 하나는 '지능적인 정신 폭력'이 곧 효력을 상실한다. 이는 삶의 암시를 통해 일어날 수 있다. 이러한 암시를 충분히 받고 관심을 기울인다면 당신의 행동은 변한다. 암시 중 일부는 작은 것(예를 들면, 사람들이 당신을 피하는 듯 보이고, 모임이 있는 자리에서 일부로 당신 옆에 앉기를 피하는 것 등)이다. 다른 하나는 상황 밖에서 발생하여 세차게 일격을 가하는 "현실의 주먹(hand of reality)"처럼 클 수도 있다.(예를 들면, 배우자가 서커스에 합류하거나 서커스 단원과 도망치는 것 등.)

하지만 앞에서 말했던 것처럼 모든 사람이 이런 암시를 받는 것은 아니다. 그리고 일어난 결과는 더욱 슬프다. 그들이 사람들에게 상처를 줄 때 다른 사람이 거치는 자연적인 사이클을 거치는 대신에 당신은 잘못 되었음을 인정하지 않는다. 당신은 죄책감을 억누르고 희생자를 경시하는 부정과 억눌림 패턴(deny-and-suppress pattern) 그 이상을 지닌다. 억눌린 죄책감은 내적으로 머물다가 마음이 울적하거나 심신이 아프게 될 때 모이게 된다.

'지능적인 정신 폭력자'의 심리과정

A라는 사람이 B라는 희생자를 '지능적으로 정신 폭력' 한다.

A=지능적인 정신 폭력자

B=지능적인 정신 폭력을 당한 자

A 유형의 성격적 특징

- 사회 적응력이 부족하다
- 화를 낸다.
- 조종하고 싶어 한다.
- 남의 말을 귀담아 듣지 않는다.
- 항상 옳은 척 한다
- 자신의 내면을 바라보지 않는다.

B 유형의 성격적 특징

<A와 관계 전의 처음 특징>

- 남의 말을 귀담아 듣는다
- 자신의 잘못을 인정한다.
- 자신의 내면을 들여다본다.

<A와 관계 후의 특징>

• 표현할 수 없는 분노를 느낀다.

• 자신이 잘못되었다는 것을 느낀다.

• 자신을 조종할 수 없음을 느낀다.

<지속적인 관계 후>

• 자신을 나쁘고 잘못된 사람이라 규정한다.

• 자신을 보호하기 위해 이렇게 변한다 ;

• 남의 말을 귀담아 듣지 않는다.

• 잘못을 인정하려 들지 않는다.

• 자신의 내면을 보려고 하지 않는다.

결국 생존하기 위해 이렇게 변한다.

- '지능적인 정신 폭력자' 와 동일시한다.
- '지능적인 정신 폭력자' 가 하는 행동을 따라 한다.

(지배하고, 항상 옳은 척하고, 이기려 든다.)

그리고 그 순환은 다시 시작된다.

B는 A라는 사람의 희생자에서 C라는 사람에게는 '지능적인 정신 폭력자'로 변한다.

B는 '지능적인 정신 폭력자'라는 원형 속에서 같은 일을 되풀이 한다. '지능적인 정신 폭력'은 전염성 높은 행위이다.

B=지능적인 정신 폭력자

C=지능적인 정신 폭력을 당한 자

B 유형의 성격적 특징

- 사회 적응력이 부족하다.
- 화를 자주 낸다.(화는 마침내 바깥으로 표출이 되나 아무것도 모르는 구경꾼에게 향한다.)
- 조종하고 싶어 한다.(다시 조종당하는 것을 겁낸다.)
- 남의 말을 귀담아 듣지 않는다.
- 항상 옳은 척 한다.
- 자신의 내면을 바라보지 않는다.

C 유형의 성격적 특징

- 남의 말을 귀담아 듣는다
- 자신의 잘못을 인정한다.
- 자신의 내면을 들여다본다.

악마적인 성격을 지닌 사람은 일종의 광기 상태에 있다. 이런 상태에 있는 사람들은 양심이 없는 듯 보인다. 조종하기를 즐기며 다른 사람을 곤란한 입장에 빠뜨리기를 즐긴다. 어떤 관점에서 보면 무사태평해 보인다. 다른 사람의 감정을 주시하지도, 신경 쓰지도 않는다. 부인을 놔두고 술 마시고 즐기면서 이기적으로 행동한다. 또는 상대방이 갑자기 등을 돌릴 때까지 다른 사람을 얕잡아 본다.

그러고 나서 인간관계가 하나씩 무너질 때 회한에 빠지거나 병을 앓게 된다. 특히 결혼한 배우자가 곁을 떠날 때 아프게 된다. 그러면 떠나려는 배우자가 되돌아와서 자기를 돌봐야 한다고 생각한다. 병은 자신을 벌하고 동시에 배우자를 되돌아오게 만든다.

배우자가 떠나는 것을 좋아하지 않지만 막상 곁을 떠나면 상대 배우자를 더 존중하게 된다. '지능적인 정신 폭력자' 중 일부 사람들은 이미 벌을 받았으므로 이제 과거는 깨끗해졌다고 느낀다. 또 다른 일부 사람들은 이미 분노가 완전히 틀을 잡았기 때문에 똑같은 식으로 느끼지 않는다.

우리들은 병도 들지 않고, 양심에 가책도 느끼지 않는 당신과 같은 사람이 있다는 것을 알아야 한다. 이것은 아주 좋지 않은 소식이다. 이런 사람은 일반 보통사람과 사고방식이 다르다. 자기 외에 다른 그 누구도 신경 쓰지 않으며 극도로 이기적인 사람이다. '지능적인 정신 폭력' 행위만을 인식하고 있고, 아마 그 행위를 완벽하게 수행할 수조차 있다. 그는 1%에 속하는 히틀러이다.(이 장 앞부분에 20%에 해당되는 사람에 관해 언급했는데, 적어도 그들은 양심의 가책을 느낄 만큼 충분한 의식을 갖고 있다.)

1%는 다른 사람을 파멸시킨다. 주위 사람들은 그들을 두려워한다. 하지만 그들의 손안에 있다. 그렇다고 완전한 악마는 아니다. 철저한 악마란 한 사람도 없다. 대부분 일반 보통 사람처럼 일상의 삶을 살아간다. 다만 이기적이고 소유욕이 강하며, 가끔 가까운 사람에게 오래 남을 상처를 만들기도 한다. 반면 그들은 일상을 살아가지만, 그들이 이 세상에서 살아가고 있기 때문에 이곳은 더 나빠진다.

그들은 이기적이다. 양심도 없다. 동정심도 자비심도 없다. 다른 사람을 화나게 만들거나 심할 경우 자살로 이끄는 경우도 있다. 어떻게 그런 사람들이 벌도 받지 않고 잘 살아갈까 하고 의아해 한다. 또 왜 그렇게 살아갈까 하고 의아해한다. 이런 사람들이 왜 그러는지 나는 알고 있다. 나는 이런 식으로 사는 사람들을 본 적이 있다.

'지능적인 정신 폭력자' 인 남편이 자기 부인을 자살로 이끌 만큼 무기력하게 만들고, 끊임없이 무자비하게 '지능적인 정신 폭력' 을 자행한 것을 보았다. 그 남편은 40년간 함께 살면서도 양심을 보여 주지 않았다. 물론 부인도 피해자 역할을 수행하고 있었고, 결국 허약해져서 더 이상 참아낼 수가 없었다. 그녀는 자살을 시도한 그날에 죽었다. 남편은 이미 그전에 이미 죽어 있었다.

'지능적인 정신 폭력' 의 도구는 지금 당장 사용할 수 있다. 당신이든 그 누구든 골라서 연습하고 반복적으로 사용해서 완벽하게 만들 수 있다. 하지만 '지능적인 정신 폭력' 수단이 다른 사람을 통제하는 좋은 방법이라고 생각한다면 다시 한번 더 생각해보라.

이기적이고 교묘한 속임수를 쓰는 악마적인 원형을 사용하는 것이라고 생각하라. 언젠가는 누군가를 상처 입히고 나서 나쁜 짓을 상기하면서 양심의 가책을 느끼게 될 것이다. 이기적인 행동을 그만두도록 하라. 그렇지 않으면 속죄하고, 절망하고, 병들게 된다.

"일단 해보자. 벌은 나중이니까."라는 메커니즘을 이용하기도 한다. 물론, 한때는 무사태평하게 다른 사람의 감정을 고려치 않고 함부로 설치고 다닌다. 하지만 곧 머잖아 그들은 외톨이가 되고 외로워질 것이다. 제 아무리 사교적이고 재미있는 사람이라고 할지라도 결국 사람들은 깨닫게 된다. 사람들은 당신이 책임질 일이라고 생각하며 등을 돌리게 될 것이다. 뿐만 아니라 언젠가는 그런 사람을 파멸로 이끄는 자연의 섭리 같은 것이 있다. 어떻게 한 인간으로서 끊임없이 자기 인간성의 근원(감정이입, 공감, 배려, 양심 등)을 파괴시키면서 살아갈 수 있을 것인가?

이기적이고 교묘한 속임수를 쓰는
악마적인 원형을 사용하는 것이라고 생각하라.
언젠가는 누군가를 상처 입히고 나서 나쁜 짓을 상기하면서
양심의 가책을 느끼게 될 것이다.

양심의 가책을 억누르면, 같은 무게로 모든 감정이 억눌리게 된다. 또한 다른 사람의 감정을 판단하는 능력이 부분적으로 사라진다. 따라서 진정한 양심의 가책을 억누를 때마다 당신은 조금씩 죽어간다. 다른 사람과 접촉을 끊지 않고서 자기 양심과 접촉을 끊을 수 없다. 양심은 당신과 다른 사람을 연결해주는 가교이기 때문이다. 감정이입(empathy)과 양심은 서로 손을 맞잡고 있다.

가상되는 최악의 상황은 당신이 너무 이기적이 되어서 모든 관계를 엉망으로 만드는 것이다. 다른 사람과 관계할 수 없도록 매우 나쁘게 접촉을 끊고 있는 경우이다. 자기감정을 상실하여 사랑, 아름다움, 우정 등 인생에서 의미 있고 아름다운 경험을 할 수 없는 것이다. 무엇이라도 조금 느낄까 싶어서 술, 마약, 섹스 등에 기댄다. 흥미로운 것은, 이런 것은 아주 덧없는 감각이며, "와우!" 하고 소리치는 찰나이다. 의미 있는 그 어떤 것도 피한다. 내가 지금 하고 있는 모든 말을 그대로 받아들일 필요는 없다.

너무 극단적으로 행동해서 다른 사람과 관계를 끊는 '지능적인 정신 폭력자'를 당신도 만난 적이 있을 것이다. 그들은 끊임없이 다른 사람들에게 '지능적인 정신 폭력'을 가한다. 그러나 아무도 그들의 이기적인 행동 패턴에 머물려고 하지 않기 때문에 침울하고 우울해진다. 그런 식으로 사는 게 행복할 것 같다고 생각하면 다시 한번 고려해보라.

'지능적인 정신 폭력자'가 누군지 주시해야 한다. 그래야 조종할 수 있다. 어떤 존재인지 정확히 파악하라. 그를 찾아내고 한걸음 옆으로 비켜서서 보아라. 그리고 '지능적인 정신 폭력'이 힘을 쓰지 못하도록 만들어라. 누군가 당신이 잘못한 것에 대해 당신에게 말할 때 그 말하는 의도를 잘 살펴야 한다. 설령 그 사람이 말하는 게 절대적으로 옳다고 할지라도, 아니 당신이 한 것을 정확히 그가 말하고 있다고 할지라도, 그 사람의 의도를 잘 살펴라. '지능적인 정신 폭력'을 당신에게 하고 있는지? 아니면 당신을 위해 잘 되도록 권고하고 있는 것인지?

그리고 자기 의도를 잘 살펴보아라. 누군가의 실수나 잘못된 행위를 비난할 때 그 사람이 잘 되기를 바라서 하는 것인지, 아니면 상처를 주기 위한 것인지? 당신이 화가 났을 경우, 아무것도 모르는 구경꾼에 대해선가? 아니면 누구에게 화를 내야 하는지? 사람이 아닌 어떤 물건에게 자유분방하게 화를 풀 것인지, 아니면 그냥 분을 삭여야 하는지? 아이가 맞을 일을 했다면 때려야 한다. 분노는 적절하게 표출되어야 하지만, 전혀 아무

것도 보르는 사람에게는 하지 마라. 작은 감정은 터트리는 것이 필요하다. 하지만 큰 감정은 우정이나 결혼에 치명적인 상처를 줄 수 있다.

'지능적인 정신 폭력자'를 알아냈을 때는 당신과 가까운 사람이든, 자기 자신이든 작은 연민을 보여줘야 한다. 이 가엾고 불행한 영혼은 지옥에 있거나, 지옥으로 가는 중일 것이다. 그리고 특히나 어떤 사람에게든 '지능적인 정신 폭력자'라는 딱지를 붙이지 마라. 사람은 사람일 뿐이고, 사람이 하는 짓은 사람이 하는 짓일 뿐이다. 그 사람이 하는 짓을 공격하는 대신 그 사람 자체, 인신공격하는 것은 아무런 도움도 되지 않는다. 그렇게 하면 당신은 '지능적인 정신 폭력'이 계속 번성하도록 방치하는 것이나 다름없는 것이다.

'지능적인 정신 폭력자'에게 당하는 피해자에 대해

이제, 여러분은 '지능적인 정신 폭력'을 당한 희생자이지, '지능적인 정신 폭력자'는 아니라고 하자. 아, 물론 그렇다. 여러분은 다른 사람과 같지 않다. 결코 다른 사람을 탓하거나 실망시킨 적이 없다. 화를 내지도 않는다. 한번도 '지능적인 정신 폭력자'와 연결된 적이 없다. 그러면 이제 다음과 같은 것을 볼 수 있을 것이다. 자, 이제 여러분은 머리 위 2인치에서 반짝거리는 큰 후광을 가진 사람들에 대하여 읽고 있는 것이다.

당신은 다른 사람에게 상처 준 적이 없어서 화를 내는 방법을 모른다. 그래서 모든 것을 가슴 속에 품고 있다. 당신은 만사가 완벽하게 잘 되고 있다고 억지로 결정내린 것이 약간 잘못된 느낌은 받고 있다. 바로 이것이 후광을 가질 만한 부분이다. 그 결정에 따라 절대 잘못되지 않으려는 의지를 발전시켰다. 그래서 그 어떤 사람보다도 더 잘 되었다. 다른 사람의 말을 들으려는 의지를 잃지 않았던 것이다.

지금 당신은 '지능적인 정신 폭력' 수행의 이면을 살짝 엿보고 있다. 당신은 다른 사람의 말을 듣는다. 사람들의 행동을 바르게 교정해 준다. 당신은 결코 상대방에게 화를 내지 않는다. 누군가에게 '지능적인 정신 폭력'을 당한 적은 있지만 그 사람들이 한 것처럼 다른 사람들에게 상처를 주고 싶어 하지 않는다. 그래서 진짜 느끼는 감정에 정직하지 못하게 되었다. 자만심을 가지려는 상대방을 기만한다.

자, 이제 당신은 자신이 완벽하다, 매사에 옳다고 믿는다. 당신은 자신이 완벽하게 옳다는 그 조건과 합치되지 않은 그 어떤 것도 바라보기를 좋아하지 않게 된다. 이제, 자가당착에 빠져서 변할 수 있는 길을 더 이상 찾지 않게 된다. 왜냐하면 그것은 자기가 잘못되었다는 것을 인정하는 일이기 때문이다. 자기가 실수를 저지를 수도 있다는 생각은 아주 무섭고 끔찍한 것이다. 당신에게 이 생각은 아주 기겁할 일이다. 자아 향상으로서 자기 생각을 변화시키겠다고 하는 대신에 자기가 잘못된 실

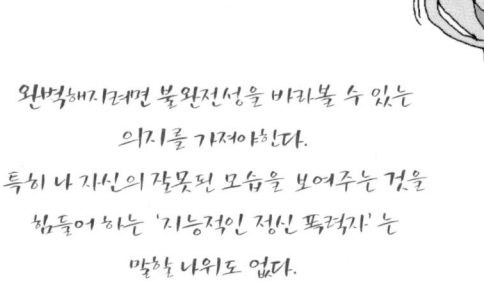

완벽해지려면 불완전성을 바라볼 수 있는
의지를 가져야한다.
특히 나 자신의 잘못된 모습을 보여주는 것을
힘들어 하는 '지능적인 정신 폭력자'는
말할 나위도 없다.

체의 화신처럼 보이는 것이 더 부끄럽다고 생각하기 때문이다.

하지만 역설적이게도 완벽해지려면 불완전성을 바라볼 수 있는 의지를 가져야 한다는 것이다. 이것은 특히나 자신의 잘못된 모습을 보여주는 것이 나쁘다고 느끼는 사람에게는 힘든 일이다. 잘못된 의지가 남용되어왔다. 당신은 이제 그것에 커다란 상처를 갖고 있고, 그것이 완전한 취약점임을 느끼게 된다.

자기가 정말 옳고 괜찮다고 방어적인 결단을 내리는 사람이라면 이런 상태를 유지하기 위해 필사적인 노력을 시도할 것이다. 지독하게 변화와 맞설 것이다. 당신의 그 결정이 당신의 자아생존을 의미하는 상황이라면 그런 믿음을 지키기 위해 상당한 범위까지 갈 것이다. 자기가 저지른 실수를 지적하거나, 누군가 자기 처지를 도와주려고 시도하면 두렵게 반응할 것이다.

자기 의견이나 관점이 바뀐 것을 발견하게 되면 오래 전에 '지능적인 정신 폭력자'에게 했던 것처럼 굴복하고 있음을 느끼고 기겁을 한다. 그리고 변화에서 재빨리 벗어나서 오랜 믿음으로 되돌아간다. 그저 있는 그대로, 그리고 언제나 완벽하게 옳았고, 지금도 자신이 옳고 괜찮다는 기본 결단을 위협받지 않는 한, 기꺼이 새로운 아이디어를 찾으려고 한다. 이런 사람은 이상한 사람으로 보일 수도 있다. 왜냐하면 그 사람의 정신에는 현대적인 생각과 전통적인 태도가 뒤섞여 있기 때문이다. 성격이 이상하게 변덕스러워질 수도 있다. 그 어떤 것으로도 당신이 지녀온 근본적인 구조의 근간을 흔들도록 내버려 두지 않기 위해서이다.

건강한 사람은 자기가 옳다는 사실을 안다. 그리고 다른 사람의 의견과 판단을 받아들일 수도 있다. 때로는 다른 사람도 옳을 수 있고, 자기가 틀릴 수도 있다는 사실을 깨닫고 있어서 그의 감정에 균형을 유지하는데 도움을 준다. 하지만 만일 어떤 사람이 '지능적인 정신 폭력' 행위를 하려는 사람을 대항하여 자신을 방어하기 위해 완벽히 옳은 것처럼 강제적으로 규정해왔다면 그 사람은 자기 의견과 차이가 있는 다른 사람의 의견을 받아들일 수 없을 것이다.

처음에 이러한 방어적 위치에 그를 밀어 넣은 것은 다른 사람의 판단이었다. 그러므로 특히 이제, 그는 다른 사람에게 실수를 지적당할 때 자기가 잘못되었다는 감정을 전혀 느낄 수 없다.

맘에 드는 호감이 가는 사람-특히 결코 화내지 않고 항상 자신만만한-은 '지능적인 정신 폭력자'와는 본질상 확실히 다르다. 하지만 이런 성격의 사람도 역시 문제를 갖고 있다.

'지능적인 정신 폭력자'는 분노를 산지사방에 퍼뜨린다. 그리고 이것이 피해자와 그 자신에게 문제를 발생시킨다. 그러나 분노를 전혀 표현할 수 없거나 혹은 안하는 피해자는 그 어떤 분노라도 억누른다. 그에 따라 자기의 다른 모든 감정도 함께 억눌러야만 하는 것이다. 두 유형 모두 옳다. 하지만 두 유형 모두 사회에 적응하지 못한다. 이런 덫에서 벗어날 수 있는 유일한 방법은 남의 말을 들을 수 있고, 건설적으로 화도 내고, 잘못된 행위도 하고, 상황에 따라 변화할 수 있어야 한다. 만일 모두가 그런 식으로 살아간다면 이 세상에는 더 이상의 '지능적인 정신 폭력자'는 발을 붙일 수 없을 것이다.

nasty people 4

어떻게 대처해야 할까?

오직 약한 자만이 잔인하고 비정하다.
관대함과 온화함은 강한 자에게서만 기대할 수 있다.
– 레오 버스카글레아(Leo Buscaglia) –

이 장을 통해서 나는 '지능적인 정신 폭력' 행위를 처리하는 몇 가지 방법을 소개하려고 한다. 즉 '지능적인 정신 폭력자' 인 상사와 배우자 대처 방법부터 일반적인 이성적인 어프로치, '지능적인 정신 폭력자' 에게 대항하기 위해 따돌리기와 반사작용을 통한 특별한 어프로치와 거울 비쳐보기 등에 이르기까지 몇 가지 '지능적인 정신 폭력' 에 대한 대처 방법과 관

점을 제시할 것이다. 아울러 어린이를 위해 불량배와 '지능적인 정신 폭력자' 와의 상관관계도 다룰 것이다.

'지능적인 정신 폭력자' 인 상사

상사가 끊임없이 '지능적인 정신 폭력' 행위를 하면 어떻게 해야 하나? 이 문제에 대해 좀더 현실적으로 접근해 보자.

상사가 못된 놈이라고 결론을 내릴 수도 있다. 원래 참고 견뎌야 하는 상사가 하나쯤은 있는 거라고 비참함을 무마시킬 수도 있다. 그러나 이렇게 생각하는 것이 정작 본심은 아니며, 상사에 대해 복수심을 내면에 품은 채 살아가야 하는 것이 현실이다. 또한 자칫하면 상사의 불온한 인생관을 정당화 시켜줄 수도 있다. 상사는 이러한 종류의 부하직원을 기대할는지도 모른다. 하지만 이런 대응은 별 소용이 없다.

그를 야단쳐야 한다. 그렇게 함으로써 치밀어 오르는 감정이 해방될지는 모르지만 이 또한 별 소득은 없을 것이다. 상사는 그 이전보다 더 당신을 괴롭힐 것이고, 봉급 인상은 둘째 치고 우선 직장을 잃을 수도 있다.

아마도 상사가 악마적인 성격으로 돌변해 있는 동안 상사와 이성적인 대화를 나눌 수도 없을 것이다. 그럴 땐, 그가 평상심을 되찾을 때까지 기다리는 것이 좋다. 만일 상사가 가장 최악의 상태에 있다면 지금 당장 새로운 직장을 찾아보길 권한다. 아마 그를 도와주기엔 너무나 멀리 떨어져 있는 상태일 것이다.

한 가지 꼭 알아야 할 점은, 상사가 '지능적인 정신 폭력' 행위로 당신을 괴롭히고 있다면 그는 다른 누군가로부터 배웠을 가능성이 높다는 것이다. 상사는 모든 것을 좌지우지하려는 엄마나, 제왕처럼 제압하고자 하는 아버지 밑에서 성장했을 확률이 높다. 만일 부모가 아니라면 예전 상사로부터 보고 배운 것일지도 모른다. 아마 그는 '상사라면 의당 이렇게 행동해야 한다.' 는 식으로 받아들였을지도 모르고, 만일 한 사업체의 사장이 상습적으로 '지능적인 정신 폭력' 을 하고 있다면 그 아래 있는 부하직원도 상사의 행동을 받아들여 그 아래 직원에게 똑같이 한다. 이러한 행위는 전염성이 강하다.

'지능적인 정신 폭력자' 는 무엇보다도 언제나 자기가 옳아야 한다는 강박관념이 강하다. 결단코, "당신이 틀려요."라고 '지능적인 정신 폭력자' 에게 말해선 안 된다. 이것은 아주 중요

'지능적인 정신 폭력' 행위로 당신을 괴롭히고 있는 사람은
다른 누군가로부터 그런 행위를 배웠을 가능성이 높다.
제멋처럼 군림하는 아버지 밑에서 성장했을 확률이 높다.

하고 기본적인 규칙이다. 만일 당신이 그의 모순된 행동을 지적하고 표시하거나, 어떤 식으로든 '지능적인 정신 폭력자'가 잘못되었다는 것을 보여주면 머지않아 금방 그는 당신에게 복수할 것이다. 당신은 그 대가를 당장 지불해야 한다.

'지능적인 정신 폭력자'는 극도로 복수심이 강하다. '지능적인 정신 폭력자'는 자기가 잘못되었다는 것은 있을 수 없는 가장 끔찍한 사건이다. 그리고 그는 자신을 그러한 상황에 밀어 넣은 사람에게 결코 고마워하지 않는다. 가장 최선의 행동

방식은 '지능적인 정신 폭력자'의 말을 받아들이는 것이다. 그렇다고 그의 말에 전적으로 동의하라는 의미는 아니다.

하나의 예를 들어보겠다. 한 '지능적인 정신 폭력자' 상사가 다른 직원들에 관해 당신과 의견을 나눈다고 하자. 그는 이렇게 말한다.

"혹시 아나. 우리 직원들은 자기만 생각해. 아무도 부서업무에 대해서는 신경 쓰지 않는다니까."

당신이 할 수 있는 가장 최악의 말은 이것이다.

"아닙니다. 잘못 생각하고 계십니다. 우리 직원들은 일도 열심히 하고 부서 실적에 대해 걱정도 많이 하고 있습니다."

당신이 할 수 있는 최선의 행위는 그 사람이 말하는 것에 동의를 해주고, 상사가 그렇게 말한 이유가 무엇인지 귀를 기울여 주는 것이다. 이런 상황에서는 이렇게 말해야 한다.

"그렇게 생각하세요?"

그 사람이 말한 내용에 동의하면서 그것에 관해 좀더 얘기할 수 있도록 이렇게 모호한 방식으로 답변하는 것이 좋다. 그 사람이 그렇게 생각하는 데는 무언가 특별한 이유가 있을 수 있다. 아마 그 사람은 쉬는 시간 2분 동안에 그저 지나가는 말로 한 사람을 씹는 것일 수도 있다. 이후, 날카롭고 비판적인 성향이 무디지면 그의 잘못을 입증하려고 당신이 하고 있는 노력을 의심하지 않게 되고, 당신은 직원들이 이기적이 아니라는 것을 지적할 수 있을 것이다.

'지능적인 정신 폭력자' 를 다루는 가장 최선의 방법은 친밀성이다. 만일 당신이 그를 좋아하면 그는 당분간 자기가 잘못된 것을 입증하도록 당신을 허용할지도 모른다. 그것은 물론 거의 모든 사람에게 적용되는 것이다. 만일 당신이 누군가를 좋아하고 그 사람에게 친밀감과 호감을 보여주면 당신은 실제 그에게 무엇이라도 얘기할 수 있을 것이다. 그러나 항상 그것은 개인적으로 몰래 해야 한다. '지능적인 정신 폭력자' 는 사람들 앞에서 자기가 잘못되었다고 지적 받는 것을 끔찍한 수치로 여긴다.

만일 당신이 상사를 좋아한다는 것을 알릴 수만 있다면 당신은 이른바 묻지마 특혜를 얻을 수 있다. '지능적인 정신 폭력자' 는 논리에 있어서 철두철미하다. 그래서 논리에 연연하지 않는다. 하지만 그는 친밀성이 부족하므로 많이 활용할 수 있다. 결국, 이런 사람의 과거에 있던 어떤 사람은 아마도 논리적으로 그를 씹어대고 동시에 그를 궁지로 몰아넣었을 수도 있다.

적개심(hostility and bullying : 남을 괴롭히는 것)을 유발하는 가장 중요한 이유 중 하나는 훈육 부족(訓育不足 : lack of nurturing)이라는 것이 연구결과로 발표되었다. 훈육 부족이라니 그게 무슨 말이야? 그렇다. 그게 무엇을 의미할까? 이 말은 당신 아이를 괴롭히고 있는 아랫동네 사는 아이에게 필요한 것이 제대로 된 훈육이라는 뜻이다. 그것이 바로 문제를 해결하는 방법이다. 이런 아이는 그다지 가르치고 싶지는 않겠지만 제대로 된 교육만이 가장 효과적이다. 그 아이는 자라서 상사가 되거나 배우자가 된다. 그가 그때 필요한 것이 무엇이겠는가? 맞다. 바로 훈육이다.

이 문제에 대해 연구를 하고 있을 때 내 여동생한테서 전화가 왔다. 그녀는 교사였는데 자기 반 학생에 대한 상담을 하기 위해서였다. 자기 반에 항상 신경을 곤두서게 만드는 학생이 있다고 했다. 그 학생은 주의가 너무 산만해서 좋은 평점을 받지 못할까 선생으로서 걱정된다고 했다. 그 아이는 다른 아이들과 선생인 내 동생을 작은 목소리로 중얼대며 불평한다고 했다. 정말로 사람을 존중할 줄 모르는 문제아라는 것이었다.

내가 가정정신과 의사니까 어떻게 해야 할지 좋은 방법을 가르쳐 달라는 것이었다. 그래서 나는 방법을 가르쳐줄 수는 있지만 반드시 약속을 지키라고 했다. 그러자 동생이 말했다.

"그게 뭔지 먼저 말해줘."

"안돼, 먼저 약속을 해야 돼."

여동생은 절박했기 때문에 먼저 약속을 했고, 나는 그 아이를 타일러 잘 길들여야 한다고 말했다. 그러자 그녀는,

"뭐라고! 난 그 아이를 타일러 길들이고 싶지 않아. 내쫓고 싶단 말이야. 그 아이를 내가 정말 아끼고 있는지조차 모르겠어."

라고 고함쳤다. 나는 이렇게 말했다.

남을 괴롭히는 행위를 유발하는
가장 중요한 이유 중 하나는 훈육부족이다.

"흠, 그렇다면, 그 아이를 좋아하도록 너 자신부터 타일러야겠네."

"좋아. 내가 그렇게 하려면 어떻게 해야 하는데?"
하고 그녀는 마음을 누그러뜨리면서 물었다.

확신할 수는 없지만 나라면 매일 그 아이를 반갑게 맞아줄 거라고 말했다. 신체적인 접촉을 하며, "조니, 오늘 기분이 어때?"라고 말하고, 수업시간에도 그 학생에게 다가가서 그를 만지면서, 나는 네가 그곳에 있는지 알고 있다는 것을 그에게 알릴 것이라고 말했다.

며칠이 지나서 나는 여동생에게 전화를 해서 어떻게 됐는지 물었다. 내 동생은,

"아주 잘 되어가고 있어. 그 아이와 나는 이제 좋은 친구가 됐어. 한시도 떼어놓을 수가 없을 정도야. 내가 말하는 동안 다른 아이들이 떠들지 못하도록 한다니까."
라고 말했다.

이렇게 해서 그 일은 잘 해결됐다.

이제 다시 직장상사 문제로 돌아가 보자.

상사를 존경할 만한 진짜 이유를 당신이 찾을 수 있다면 도

움이 될 것이다. '지능적인 정신 폭력자'는 보통 자신만 생각하는 이기적인 사람이다. 그들은 실제로 자존심이 거의 없지만 극도로 부풀린 자만심을 통해서 이를 숨긴다. '지능적인 정신 폭력자'는 자기만이 오직 중요한 사람이라고 생각하면서도 다른 사람에게 열등감을 가진다. 이러한 열등감을 만회하기 위해 자만심을 팽창시킨다.

이것은 혼란스러운 역설법일지도 모르지만, 위험을 무릅쓰고서라도 이러한 상사의 행동을 무시해 보라. 겉으로 보기에 강하고, 자신감 있고, 냉혹한 상사가 사실상 마음속으로는 항상 뭔가를 두려워하는 소심한 작은 어린아이 같은 것이다. 알고 보면 이런 상사는 동정을 받아야 할 대상이지, 두려워할 대상은 아니다.

아이러니하게 들리겠지만, '지능적인 정신 폭력자'가 쥐고 있는 고삐를 느슨하게 만드는 것은 그를 상처주고 공격하는 것이다. 다른 사람에게 상처를 주려는 사람은 그 당사자가 아픔을 느끼게 하는 방법을 사용한다. 만일 '지능적인 정신 폭력자'에게 상처를 주고 싶다면 그가 다른 사람에게 무슨 말을 하는지, 무슨 행동을 하는지를 잘 살펴보아야 한다.

만일 당신이 그 사람에게 그가 쓴 방식을 그대로 사용하면 그는 다른 누구보다 더 빨리 몸을 숨길 것이다. 이는 뻔한 얘기면서도 웃기는 재미있는 이야기이다. 이런 사실을 알고 있다고 그보다 우위에 서있다고 느끼라는 말이 아니다. 상사가 당신에게 무슨 일을 하던지, 그와 똑같은 일이 바로 상사에게 행해질 것이라는 사실을 알리라는 것이다.

이런 방법을 잘 활용하면 승리할 수 있다. 하지만 당신이 이 방법을 선택하면 직장이 위태로워질 수도 있다는 사실을 알아야 한다. 이것은 비록 힘들기는 하지만, 당신이 만들 수 있는 가장 긍정적인 경력 만들기 단계일 수 있다. 이 방법을 시도하기 전에 미리 다른 직장을 확보해 놓는 것을 잊지 말아야 할지도 모른다. 당신 상사를 괴롭히고 상처 줬다는 사실은 직장을 그만뒀을 때 그지없는 만족감을 줄 것이다.

만일 상사가 직원들 앞에서 당신에게 수치스런 모욕감을 준 것을 복수하고 싶다면 직원들 앞에서 똑같이 하면 된다. 그러나 조심해야 한다. 그는 아마도 수년 동안 많은 사람들에게 수치감과 모욕을 주었을 것이고, 아마도 당신이 하는 것보다 훨씬 고단수일 것이다. 하지만 당신은 상사를 깜짝 놀라게 할 수는 있다는 이점이 있다. 당신이 공격했을 때 상사의 끈기나 참을성이 그다지 좋지는 않을 것이다.

‘지능적인 정신 폭력자’인 배우자

결혼을 하고나서 한 사람이 기선을 잡으려는 것은 전형적인 상황이다. 누군가 결단을 내려야 한다. 그렇지 않으면 결혼 생활이 순조롭지 않을 것이다. 만일 책임져야 할 것이 분산되어 있어서 각각 반반씩 책임지기로 결단을 내린다면 아마 최상의 선택이 될 것이다. 그런 방식이라면 각자는 때때로 서로의 상사가 되는 것이다. 그것은 행복한 관계를 만들어 준다. 하지만 얼마나 많은 결혼생활이 그런 식으로 행복할까?

부부관계는 일반적으로 다른 어떤 관계보다도 더 ‘지능적인 정신 폭력’의 요소를 많이 갖고 있다. 이것은 전 세계가 공통적으로 겪고 있는 현상이다. ‘지능적인 정신 폭력’ 때문에 결혼관계가 원만치 않게 되고 결국 이혼을 하거나 결혼을 후회하게 된다.

우리 사회의 문제 중 하나는 결혼생활이 일단 나빠지면 결혼을 원상 회복시킬 수 없다는 것이다. 우리는 도움을 찾지 않고 상황을 돌이킬 수 없을 때까지 가도록 기다린다. 그리고 진정한 도움은 원하지 않고 결혼생활에서 벗어나고 싶어 한다. 이것은 60년대 마약을 복용하던 사람들의 상황과 흡사하다. 어떤 사람들은 영구적인 피해를 자신에게 유발시킨다. 그들은 이제 와서 이렇게 말한다.

"만일 그때 되돌릴 수 있는 방법을 내가 알았더라면…."

그저 누군가 가족을 잘 조종하고 있는 것처럼 보이니까 그가 반드시 '지능적인 정신 폭력자' 일 거라는 말이 아니다. 그의 배우자는 단순히 책임감이 없을 수도 있다. 그래서 누군가 일들을 처리해야 하는 경우도 있다.

아내가 남편이 말하는 것을 알아듣지 못할 때나, 남편이 진짜로 화를 내는 아내에게 "당신은 화를 낼 때가 더 귀여워."라고 말하는 식의 조용한 치료와 같은 '지능적인 정신 폭력' 을 하는 "멋진" 방법도 또한 많이 있다.

'지능적인 정신 폭력' 을 사용하는 사람은 완벽하게 자신이 그런 행위를 하고 있는지 의식하지 못할 수가 있다. 희생자 또한 자기가 '지능적인 정신 폭력' 을 당했는지 의식하지 못할 수도 있다.

'지능적인 정신 폭력자' 와 희생자(또는 두 명의 '지능적인 정신 폭력자')는 자기들의 행동유형을 의식하든 않든 간에, 처음으로 사랑하기 시작한 두 사람은 이 시나리오 안에 갇혀버릴 수 있다. 그리고 시간이 지남에 따라 전 가족을 파멸시킨다. '지능적인 정신 폭력'을 당한 대부분의 사람들은 사랑이 시들어버리고 그 피해가 교정될 수 없을 정도로 너무 늦을 때까지 그것을 깨닫지 못한다.

자기 배우자가 떠날 때 놀라는 사람을 만난 적이 있는가? 그동안 모든 일들이 잘 진행되었는데, 갑자기 "뻥!"하고 끝나버린다. 곡예단 연기자와 눈이 맞아서 도망가 버린다! 이것은 바로 의식할 수 없는 '지능적인 정신 폭력'이 진행되고 있었음을 뜻한다.

설령 '지능적인 정신 폭력자'라고 알고 있었을지라도 완전하게 제대로 알고 있지는 않았을 것이다. 그는 자신의 '지능적인 정신 폭력'의 습벽을 고치는 대신에 '지능적인 정신 폭력' 경향을 억제하고 있었을 것이다. 건설적으로 그것을 버리는 방법을 배우는 대신에 자기감정을 감추고 있었을 것이다. 조만간에, 고삐가 풀린 망아지처럼 옛 습성이 뛰쳐나와 관계를 하나씩하나씩 잃어갈 것이다.

'지능적인 정신 폭력' 행위를 버려야 한다는 동기부여를 여러 차례 받지는 못한다. 왜냐하면 자기는 언제나 옳고 "승자"이기 때문이다. 그를 지지해주는 이러한 강력한 메커니즘을 가지고 있기 때문에 단시간에는 고통 받지 않는다. 하지만 종종 결혼과 같은 큰일이 영구적인 손상을 입은 뒤 그것을 깨닫는다. 일부 사람들이 돌이킬 수 없는 '지능적인 정신 폭력자' 라는 점이 사실이긴 하지만 그렇다고 그렇게 많지는 않다. 그러므로 '지능적인 정신 폭력' 의 부정적인 행동 패턴을 깨기 위한 노력은 할 만한 가치가 있다.

만일 '지능적인 정신 폭력자' 가 자기가 하는 행위가 더 이상 효력이 없음을 발견한다면 변하려고 할지도 모른다. 배우자에게 '지능적인 정신 폭력' 을 당하고 있다면 그건 당신의 책임이다. 일단 '지능적인 정신 폭력자' 가 당신을 더 이상 조종하지 못하도록 만들면 결국 스스로를 조종해야 한다. 왜냐하면 자기 문제는 자기 것으로 남아있기 때문이다.

다음과 같이 해보라.

1. '지능적인 정신 폭력자' 의 문제를 파악한다.
2. '지능적인 정신 폭력자' 의 행동에 한계를 설정한다. 당신에게 허락되는 것과 허락되지 않은 것.
3. 변화를 위한 시간제한을 설정한다.
4. '지능적인 정신 폭력자' 가 말하는 것보다는 행동하는 것에 주의를 기울인다.

만일 '지능적인 정신 폭력'이 당신 배우자가 살아가는 하나의 방식이라면 헤어지는 길 밖에 대안은 없다. 하지만 많은 경우를 통해서 결혼은 고정된 것이라는 사실을 나는 알았다. 그러면 당신의 배우자에게 '지능적인 정신 폭력' 행위를 하려고 떠나지 않고 있는지 다시 한번 확인해 보아라.

'지능적인 정신 폭력' 행위 다루기

만일 우리가 바란다면 다루는 모든 방법을 다음 두 가지 부류로 나눌 수 있다.

1. 이유

예를 들면, 부모가 아이에게 "거리로 나가지 마라. 차에 치일지도 모르니까."라고 말한다.

2. 원인 – 결과

예를 들면, 부모가 아이에게 "너 또 길가로 나갔구나!"하며 아이 엉덩이를 가볍게 때린다.

위대한 이성적인 능력을 가진 사람들은 가끔 '원인-결과' 해법을 이해하는데 많은 어려움을 느낀다. 그들의 세계는 매우 논리적이며, 논리를 이용하여 상황을 해결하는데 성공을 거뒀을 수도 있다. 그들은 거의 모든 것이 이유와 논리로 다뤄질 수 있다고 믿는 경향이 있다.

그들은 인생에 관해 철학적이고 모든 것에 매우 공정하려고 한다. 그리고 아마도 그들은 비합리적이거나 이해할 수 없는 범주의 것들에 대해서는 다소 두려워한다.(이러한 사람들은 히틀러가 수백만의 유태인을 독가스실로 보내 학살했다는 사실을 믿을 수 없는 사람들이다.) 이런 사람은 순진하게도 모든 사람이 천성적으로 선하다고 믿기 때문에 쉽게 '지능적인 정신 폭력'을 당한다. 만일 누군가 그들이 하는 행위에 정면 도전하면 그것은 농담이거나 말이 헛나온 것이라고 말한다.

반면에 논리, 사유, 혹은 철학에 기대지 않는 사람들이 있다. 이런 사람들은 잘 조종당하고, 거짓말을 잘 듣고, 속임을 당한다. 그들은 사람들의 말보다는 행동에 더 주의를 기울이는 법을 배워온 것이다. 이런 사람들은, 이유야 어쨌든, 당신이 너무 자주 아프다고 하면 해고를 시키기도 한다. 그들은 당신의 말을 듣고 있는 것처럼 보이지만, 사실은 당신의 사고과정보다는 나타나는 표정을 잡으려고 노력하면서 당신이 하는 표현과 행동을 지켜볼 것이다.

사유하는 사람과 인과관계만을 따지는 사람은 서로가 가장 순수한 형태로 있을 때 서로 이해를 잘하지 못한다. 왜냐하면 연속체(continuum)의 정반대 극점에 있기 때문이다.

다행스럽게도 우리 대부분은 이 중간사이에 있다. 이곳에는 옳고 그름이 없다. 아마 '지능적인 정신 폭력'을 균형을 맞춘 접근 방식(approach)으로 맞서는 것은 가장 효과적인 방법일 것이다. 인과관계를 중시하는 상사는 작업시간을 맞추는 것과 관련하여 아무 얘기도 들으려 하지 않을 것이다. 그는 그것을 하지 않을 그 어떤 이유도 "변명"이나 "정당화"시키는 것으로 볼 것이다. 상사에게 그것은 단순하다. 당신이 마감 날짜를 지킬 것이냐 아니냐 뿐이다. 좋은 의미로 보면, 상사가 허풍이란 전혀 없는 사람이라는 것이고, 나쁘게 보면, 그는 이유를 들으려고 하지 않는 사람이다.

사유형 상사는 직원의 말을 들을 것이다. 그는 어째서 마감날짜를 지키지 못하는지 그 이유를 이해할 것이다. 나쁜 면은 사람들이 그의 눈을 속일 수 있다는 점이다. 변명하고 정당화하는 행위를 결국 받아들일 것이다.

이런 유형의 극단에 있는 두 사람은 좁은 시각 때문에 앞이 보이지 않는 막힌 지점을 갖고 있다. 균형감이 있는 상사는 그럴 때 인과관계를 중시할 것이다. 만일 직원이 일을 제대로 하지 않으면 그 직원이 이성적으로 옳은 변명을 만들 만큼 똑똑하다 해도 직장을 잃게 될 것이라고 협박할 것이다. 균형감이 있는 상사는 어려운 시간을 겪어낸 가치 있는 직원의 말을 듣고 가능하다면 마감시간에 예외를 만들 것이다.

매번 작동하는 '지능적인 정신 폭력'을 다루는 정해진 규칙은 없지만 성공을 이끌어낼 수 있는 결과를 살펴보자.

먼저 사유형의 '지능적인 정신 폭력자'를 살펴보자.

이러한 유형의 '지능적인 정신 폭력자'는 다음과 같은 어프로치로 다루어야 한다.

· 유머

· 존경

· 친밀감과 품위성
· 전문 직업의식
· 감사
· 외교술
· 인내력
· 분별력
· 확고부동함
· 당신의 느낌을 말하는 단어들

다음의 사항들은 금지해야 한다.

· 일반화시키는 것
· 분류하는 것
· 판단하는 것
· 비난하는 것
· 나쁜 사람으로 만드는 것
· 항상 옳고자 하는 것
· 개인적으로 받아들이는 것
· 빗대어 말하는 것

· 화를 행동으로 표현하는 것
· 타인에게 죄책감을 느끼게 하는 것

만일 사유하는 것이 효과가 없다면 다음과 같은 인과법칙을 시도해 보라.

· '지능적인 정신 폭력' 행위를 할 때 상처를 준다.
· 상대방에게 '지능적인 정신 폭력'을 한다. (느낌이 어떤지 '지능적인 정신 폭력자'에게 보여준다)
· 화가 났다는 것을 행동으로 보여준다.(큰 소리를 치거나 화를 내고, 물총으로 쏘거나, '지능적인 정신 폭력자'가 농담을 한 것처럼 웃거나, 입술과 혀를 부르르 떨면서 "우-" 하는 소리를 내며 조롱한다. 윙크를 한다.)
· '지능적인 정신 폭력자'에게 모욕을 준다.
· 상대방의 빰을 눌러준다.
· 미간을 찌푸린다.
· 멍하니 뚫어지게 쳐다본다.
· 관계를 끊는다. / 포기한다. / 떠난다.

'지능적인 정신 폭력자'에게 하는 이러한 인과응보식 반응은 그들이 '지능적인 정신 폭력'을 할 때마다 그들에게 불편을 주라는 것이다. 대학교 때 친구들과 행동과학의 테크닉(behavioral techniques)을 사용하여 심리학 교수의 행동을 조종하는 시도를 한 적이 있었다. 교수는 강의실을 좌우로 왔다 갔다 했는데 그것이 우리의 신경을 거슬렀다. 그래서 오른쪽으로 걸을 때마다 우리는 하품을 하며 지루하다는 표정이나 행동을 했다. 왼쪽으로 걸을 때는 매우 집중하는 모습을 보여줬다. 학

'지능적인 정신 폭력자'를 다루는 인과응보식 반응은
그들이 '폭력'을 행사할 때마다 그들에게 불편을 주라는 것이다.

기가 끝날 때쯤 교수는 우리가 만든 작은 음모를 전혀 알지도 못한 채 교실 맨 왼쪽 끝 창문턱에 앉아 있었다.

만일 당신 주변에 '지능적인 정신 폭력자' 가 실제로 위에 열거한 인과응보식 반응 양식 중 어떤 것을 좋아해서 당신이 하고 있는 게임에 참가한다면 하고 있던 것을 멈추고 인과응보식 행동 창고 속에서 다른 반응으로 옮겨가라. 무슨 뜻인지 알겠는가?

마약 밀매업자는 법정에 불려나가도 아무런 처벌을 받지 않으므로 마약을 계속 판매한다. 만일 마약 밀매상이 인과관계식 사고를 하는 사람이라면 그는 자기가 옳은 행위를 했다고 얘기하거나, 변호사를 선임하여 집행유예로 벗어날 것이다. 그의 정신 속에는 아무 것도 아니야 하는 의식이 남아 있는 것이다.

이런 경우에는 콧등에 강펀치를 한 대 날려, "아, 아파! 더 이상 마약을 팔지 않겠어!"하고 마약상에게 말하게 하는 "현실적 응력"을 보여줄 수도 있다. 연구결과에 따르면, 신속한 판결은 상습적인 범죄율을 현저하게 낮춘다고 한다. 마찬가지로 인과식 사고를 하는 '지능적인 정신 폭력자' 는 자기 행동의 결과를 보고 느끼게 할 필요가 있다. 결과가 즉각적으로 나타나면 날수록 더 좋다.

다시 한번, 나는 모든 방식을 알고 있으면 당신의 성격과 도덕성에 알맞은 방법을 찾을 수 있다는 것을 상기시키고 싶다. 그 어떤 책도 구체적인 상황을 모두 완벽하게 설명해줄 수는 없다. 당신은 '지능적인 정신 폭력자'를 다루는 전문가가 되려고 이 책을 읽고 있지는 않을 것이다. 야구 입문서를 읽고서 프로 야구 선수가 되려고 하지는 않을 거라는 맥락과 같다. 당신이 얻어야 하는 것은 규칙이다.

사람들은 '지능적인 정신 폭력자'가 시도할 수 있는 어떤 특정한 것을 내게 묻곤 하는데, 유효적절한 접근방식으로 정면 응대할 수 있도록 다른 사람이 행한 사례를 몇 가지 설명해 보겠다. 하지만 당신의 접근방식으로 '지능적인 정신 폭력자'를 대해야 한다는 것을 다시 한번 당부한다.

맞대응 한다.

맞대응이란 얼마나 멋진 접근방식인가! 그가 무슨 짓을 하고 있는지 당신이 정확히 알고 있다는 것을 보여주는 방식으로 '지능적인 정신 폭력'을 하는 상대를 계속 바라본다. 긴 침묵이나, 이미 알고 있다는 듯한 야릇한 웃음, 손으로 턱을 받치거나 앞으로 몸을 내미는 등의 행위는 '지능적인 정신 폭력자'에게 나를 괴롭히지 않는 것이 좋을 거라는 암시를 주고 있다.

실제로 한 예를 들어보자. 저녁식사를 하는 동안 내내 사위를 위축시키기 위해 사위가 하는 일에 대해 장인어른이 질문을 퍼붓고 있다고 치자. 마침내, 장인은 얼굴이 벌겋게 달아오르더니 눈에 심지를 켜고 큰소리로 말했다.

"나 참, 일을 그따위 식으로 해서 되겠나?"

사위는 아무 말 않고 조용히 장인을 바라본다. 장인은 화를 내고 광분하면서 목소리를 점점 높이고, 얼굴이 붉어지고 눈이 커진다. 사위는 계속 조용히 장인을 바라보기만 한다. 결국 장인은 다른 곳으로 시선을 돌리고, 탁자에 앉은 다른 사람에게 고함을 치다가 이내 목소리를 낮추고, 탁자에서 일어나 슬그머니 그 자리를 떠난다.

사위는 장인의 꾸지람을 받아들이지 않았다. 그는 움츠려 들지도, 동의하거나 굴복하지도 않았다. 그리고 그는 장인과의 관계를 절연하지도 않았다. 장인은 자리를 뜰만큼, 심기가 불편함을 느꼈으며, 이후 다시는 그를 공격하려 들지 않았다.

"해볼 테면 해봐라!" 식으로 도전한다.

'지능적인 정신 폭력'을 반복하라고 요청하는 것은, 특히 그것이 암시적으로 은밀히 다른 사람을 괴롭히거나 공격하려는 것이었을 때는 찬물을 끼얹는 것과 같은 결과를 유발한다. 만일 그가 오만하게도 다시 그 짓을 되풀이할 만큼 대담무쌍하다면,

"오, 자네가 얘기한 게 바로 내가 생각했던 거야."

라고 말해보라. 보통 겁쟁이들은 처음 말한 방식대로 반복해서 말을 비꼬거나 공격하지는 않을 것이다.

있는 그대로의 진실을 이야기한다.

대부분 '지능적인 정신 폭력'은 암시와 억양, 어조, 실제 단어 외에 다른 힌트와 함께 풀어야할 이중의미를 지닌다. 당신이 할 일은 모든 것을 잘 살펴서 진실만을 얘기하는 것이다.

실제의 예를 들어보겠다. 한 여직원이 같은 사원인 남자직원들과 함께 업무상 미팅에 참석했다. 그 미팅은 그녀를 제외하고는 모두 남자들로만 구성되어 있었다. 남자직원인 프랭크(Frank)가 말했다.

"수잔(Susan), 회의내용 좀 기록해 줘."

그러자 수잔이 경계하며 대답했다.

"회의내용을 기록할 준비가 되어 있지 않은데…."

이 말을 듣고 프랭크가 꾸짖었다.

"이봐 수잔, 준비가 없어도 회의내용은 기록할 수 있잖아!"

그러자 수잔이 대답했다.

"프랭크, 이 미팅에서 회의내용을 기록하는 게 내 일인 것처럼 말하는데, 마지막까지 있다가 회의가 시작된 뒤 부탁하지 말고, 회의가 시작되기 전에 우리 중 한 사람에게 회의내용을 기록해 달라고 부탁했으면 좋겠어."

수잔은 수동적으로 응대하지 않았다. 그녀는 프랭크가 자기

"프랭크, 이 미팅에서 회의내용을 기록하는 게 내 일인 것처럼 말하는데,
마지막까지 있다가 회의가 시작된 뒤 부탁하지 말고,
회의가 시작되기 전에 우리 중 한 사람에게 회의내용을
기록해 달라고 부탁했으면 좋겠어."

가 여자이기 때문에 회의내용을 기록해 달라고 한 거라고 비난하지도 않았다. 그녀는 움츠려 들지 않고 솔직하고 단호하게 대응했다. 그녀는 다만 사실만을 언급했고, 그렇게 함으로써 프랭크의 태도를 분명하게 만들었다.

다음 두 번째 사례를 들어보겠다. 앨(Al)은 직장동료에게 자기가 하고 있는 프로젝트에 대한 프리젠테이션을 하고 있는 중이었다. 회의에 참석 중인 빌(Bill)은 갈수록 화가 난 듯한 표정을 짓고 있었다. 빌의 얼굴이 벌겋게 상기되었다. 빌은 숨을 크게 들이쉬면서 화를 냈다. 아무도 앨의 말은 들으려고 하지 않고 빌이 무엇 때문에 저리 화가 났을까만 신경 쓰고 있었다.

마침내 앨이 말했다.

"빌, 뭐 할 말 있니?"

빌은 관자놀이에 핏대를 세우며 말했다.

"물론 할말이 있지. 자넨 대체 무슨 말을 하고 있는지 모르고 있단 말일세. 전혀 들어본 적도 없는 불가능한 말을 하고 있단 말이야."

그러자 앨이 있는 그대로 사실을 말하면서 빌을 꼼짝 못하게 했다.

"빌, 자네는 내가 프리젠테이션을 시작도 하기 전부터 화를 내고 있었는데, 지금까지 내가 말한 것만 가지고 어떻게 자네가 판단을 내릴 수 있는지 모르겠어. 내 프리젠테이션을 끝낼 수 있도록 적어도 내게 최소한의 존경심은 보여주어야 하지 않겠어?"

빌이 앨보다 목소리를 더 높이며 말했다.

"뭐라고!? 글쎄, 난 이 프리젠테이션은 들어봤자 시간 낭비 같아."

그 말을 듣고 앨은 있는 사실, 진심 그대로 말했다.

"빌, 자넨 모든 사람 앞에서 나를 당황스럽게 만들고 있네. 난 내가 말하려고 하는 내용에 관해 여기 있는 사람들이 스스로 판단을 하도록 하고 싶네. 자넨 회의에 참석할 필요가 없는 것 같네. 할 얘기가 있으면 나중에 얘기하지."

그러자 빌이 발을 쿵쾅거리고 회의장을 나가면서 한 마디 했다.

"난 자네의 말에 관심 없네."

앨이 나머지 사람들에게 말했다.

"자, 우리 한 5분간 기지개를 펴며 쉬는 게 어떻겠어요?"

사람들은 빌의 행동과 일련의 해프닝을 프리젠테이션 동안 생각하는 대신에 휴식시간 동안 그 애기를 함으로써 나머지 프리젠테이션 동안 집중할 수 있었다.

이처럼 당신은 자기감정을 바라보면서 진실을 애기할 수 있다.

· 나는 당황스럽다
· 당신이 그렇게 말한 데 대해 화가 난다.
· 곤경에 빠진 느낌이다.

아무도 당신이 느끼는 방식에 관해 논할 수는 없다. 왜냐하면 옳든 그르든 그것은 당신이 느끼는 방식이기 때문이다.

반응하지 않고 혼자 내버려 둔다.

사람들 앞에서 당신에게 수치감을 주고 당혹케 하는 사람은 보통 주위 사람들의 힘을 빌어 공격한다. 혼자 있으면 자리에서 머뭇거리며 사과를 한다. 당신이 사람들 뒤로 숨는 대신 맞대응할 것을 알게 되면 존경과 배려를 하게 된다. 맞대응할 때는 먼저 논리를 가지고 대화를 나눈다. 다시 한번 수치감이나 당혹감을 주면 똑같은 일을 하겠노라고 협박하며 엄포를 놓는다.

“내가 사람들 앞에서 당신을 창피주면 어떻게 되겠어요? 다시 한번 내게 이런 짓을 하면 당신이 깜짝 놀랄 일을 하고 말겠어요.”

놀라게 하는 것이란 다름 아닌 있는 그대로 진실을 얘기하는 것이다.

“제인(Jane), 사람들 앞에서 나를 당혹케 만들어 욕보이려는 모양이지? 좀더 어른스럽고 세련된 방법 좀 찾아보지 그래?”

거울에 비춰본다.

누군가 당신이 하지 않은 일에 대해 비난하면 그가 그 짓을 했는지 살펴보라. 누군가 어떤 일을 가지고 협박할 때 똑같은 일을 가지고 그에게 협박을 되받아쳐보라. 대개는 자기가 가장 두려워하는 것을 가지고 당신을 협박한다. 만일 누군가 당신이 자기를 좋아하지 않거나, 편견을 가지고 있다고 비난하면 누가 누구를 좋아하지 않는지 추측해보아야 한다. 누가 상대방에 대하여 편견을 가지고 있는 것일까? 누군가 당신한테 A나 B 둘 중 하나를 선택해야 한다고 말하면 그에게 선택하지 않겠노라고 대답하고, 상대방한테 선택하라고 말해 보라.

여기 한 예가 있다. 데이브(Dave)가 말했다.

"이봐, 나야, 아니면 직장이야."
이럴 때 메리(Mary)는 이렇게 대답하는 것이 좋다.
"선택하지 않을래."

두 번째 예는 이렇다. 프레드(Fred)가 말했다.
"당신은 나를 좋아하지 않는 것 같아."
그러면 당신은 이렇게 말하면 된다.
"당신은 나를 좋아하나요, 프레드?"

세 번째 예는 이렇다. 마르타(Martha)가 말했다.
"공금을 횡령한 것 같아 보이는데…."
그럼 당신은 이렇게 대답하면 된다.
"당신, 돈을 횡령해 본 적 있어?"

어린이와 '지능적인 정신 폭력자'의 상관관계

어린이의 경우 골목대장이나 개구쟁이들이 '지능적인 정신 폭력자'일 가능성이 높다. 잘 생각해 보면 정말 골목대장이나 개구쟁이들이 '지능적인 정신 폭력자'와 다름없다는 사실을 알 수 있을 것이다. 이 골목대장이 자라서 우리의 상사가 되고, 배우자가 되고, 대학교수가 되고 이웃사촌이 된다. 우리 사회는 남을 괴롭히는 것을 자연스럽게 받아들인다. 우리 대부분은 골목대장이나 개구쟁이와 관계를 가져야 하고 그것을 성장과정에 있어 통과의례로 받아들인다.

하지만 그렇지가 않다. 이를 사회조직적인 문제로 받아들여 필요한 조치를 하지 않고 계속적으로 방관하는 것은 사회적인 폐단이다. 깡패나 골목대장이 어린이일 때 잘 다루면 이 세상에는 남을 괴롭히고 상처를 주는 사람이 훨씬 줄어들 것이다. 남을 괴롭히는 행위를 제3자 입장에서 목격한 아이는 마음 속 깊이 영향을 받을 수 있다. 베트남 전쟁 당시 총에 맞아 죽은 이들을 목격한 사람들은 실제 총상을 당한 사람들과 함께 '외상후(外傷後) 스트레스장애'(Posttraumatic Stress Disorder : 전쟁 따위의 심한 스트레스를 겪은 후 나타나는 정신질환<역자주>)를 가지고 있다는 연구결과도 있다.

같은 교실의 한 아이가 괴롭힘을 당하고 있는 것을 보고 있을 때 그런 일이 자기에게도 간단히 일어날 수 있으리라는 것을 느낀다. 일부 아이들은 2001년 9월 11일 비행기가 납치되어 세계무역센터로 돌진하여 무너지는 것을 본 뒤 외상 후 스트레스 증후군 증세를 보이고 있다.

어린이들에게 깊은 영향을 미치기 때문에 '지능적인 정신 폭력'은 아주 조심스럽게 다뤄야 한다. 케이시 놀(Kathy Noll)이 저술한《문제아 길들이기》라는 책은 주요 원칙을 바탕으로 아이들 입장에서 자세하게 관련 주제를 다루고 있다. 보통, 아이들이 남을 못살게 굴고, 버릇없는 이유는 다음 중 하나 때문

같은 교실에 한 아이가 괴롭힘을 당하고 있는 것을 보고 있을 때
그런 일이 자기에게도 간단히 일어날 수 있으리라고 느낀다.
이때 받는 영향이 '외상후 스트레스장애'이다.

이다.

1. 제대로 된 교육을 받지 못했다.
2. 제 맘대로 하고 싶어 한다.
3. 예전에 누군가 똑같이 못되게 굴었다.
4. 자신이 못났다고 생각한다.
5. 신체적으로 뭔가 이상이 있다.

때로는 자기가 못났다고 생각하는 사람은 당신이 더 잘났다고 생각해서 폄하한다. 그러면 그는 기분이 한결 좋아진다. 이럴 경우 최선의 대응 방법은 당신이 그를 소중히 생각하고 있으며, 그가 괜찮은 사람이라는 것을 보여주는 것이다. 만일 당신이 그에게 똑같이 못되게 굴면 자기 생각대로 나쁘다는 것을 그에게 증명하는 셈이 된다. 하지만 어떤 면에서 그가 좋은지 말해주면 그는 기분이 한결 좋아진다. 즉, 당신은 그가 좋은 면을 가진 사람이라는 것을 그에게 깨닫게 해주는 것이다. 그 역시 자기가 괜찮은 사람이라는 것을 느끼면 그는 다시는 심술궂고 못되게 굴지 않을 것이다.

가끔은 좋은 면을 찾기가 힘든 경우도 있다. 그럴 때는 그 사람에게 눈이 예쁘다거나, 힘이 세다는 것을 언급하여 칭찬해 줄 수도 있을 것이다. 가끔은 아무런 말이 필요 없을 때도 있다. 그냥 등을 두들겨 준다거나 작은 미소만으로도 효과가 있을 수 있다. 하지만, 이러한 칭찬과 호의적인 태도가 항상 효과가 있는 것은 아니다. 어떤 사람은 아주 고약하고 못돼서 되도록 멀리 하는 것이 최상의 방법일 수도 있다.

어떤 사람이 못되게 굴면 당신은 자기가 괜찮은 사람이기 때문에 그가 그런다는 사실을 기억해 내야 한다. 아마 당신이 한 일을 그가 좋아하지 않을 수도 있지만 당신은 괜찮은 사람이다. 만일 아무 이유 없이 못살게 굴면 아마 이 사람은 기분이 안 좋거나 자기 삶이 비참하다고 느끼기 때문에 분풀이하고 있다고 생각하는 것이다. 따라서 안 좋은 감정을 가지고 위축되지 말아야 한다. 대신, 공격하는 상대방을 바라보고, 왜 이 사람이 못되게 구는지 이유를 살펴보아야 한다.

"화가 많이 난 모양인데 어쩌지? 내가 뭐 도와줄 일 없을까?"

이렇게 물어보는 것도 좋은 접근방법이다. 가끔은 그 사람을 조용히 안아주기만 해도 모든 것이 조용히 풀릴 수 있다. 하지만 그 사람이 당신을 이용하지 않도록 조심해야 한다. "NO."

라고 부드럽게 말하는 것을 두려워해서는 안 된다. 미소를 보이되, 결코 항복해서는 안 된다. 상대방이 원하는 것마다 다 해줄 필요는 없다. 만일 상대방의 요구가 옳지 않다고 생각하면 "난 해줄 수 없어."라고 분명하게 말하는 것이 좋다.

'지능적인 정신 폭력' 극복하기

'지능적인 정신 폭력자'는 보통 대단한 사람처럼 보이지만 사실은 열등감을 느끼고 있다. 역설적으로 말하면, 이런 사람은 자존심이 없는 사람이지만 자만심은 강한 사람이다. '지능적인 정신 폭력자'는 자기가 열등하거나 통제 불능일 때 남을 못살게 군다. 1%의 '지능적인 정신 폭력자'는 통제와 힘을 미칠 수 있을 거라고 믿을 때마다 남을 못살게 군다.

아무리 외모로 꾸미더라도 20%의 '지능적인 정신 폭력자'는 보통 자기가 하고 있는 행위를 무의식적이거나 반 의식적으로 한다. 우리가 내성적인 상태에 있을 경우에는 '지능적인 정신 폭력자'를 다루기가 아주 힘들다. 먼저 외향적인 자세를 취

하고, 한걸음 뒤로 물러서서 객관적으로 상황을 주시해야 한다. 그런 다음, 무슨 일이 일어나고 있는지 객관적으로 주시해야 한다. 상황을 파악할 수 있는 가장 큰 단서는 상대방의 의도와 당신의 감정이다.

'지능적인 정신 폭력자'의 의도가 당신에게 상처 주려는 것인지? 아니면 도와주려는 것인지? 상대방이 대화를 왜곡하고 있는지? 만일 상대방의 언행이 의도가 좋지 않고, 그걸 받아들이는 당신의 감정이 좋지 않다면 '지능적인 정신 폭력'이 진행되고 있는 것이다.

개인적으로 그것을 받아들이지 마라. 위축되어 피하지 마라. 커다란 관점으로 계속 바라보고 생각하라. 상황판단 능력을 상실하지 마라.

'지능적인 정신 폭력'은 전염성이 강한 행위이다. 만일 괴롭힘을 당해왔다면 그런 행위에 더 빠져들 염려가 있다. 누군가 당신을 괴롭힌다면 아마 그 사람도 과거에 같은 경험을 당한 사람일 것이다. 처음에는 '지능적인 정신 폭력자'의 성향에 빠지더라도 쉽게 빠져나올 수 있다. 하지만 이런 메커니즘을 자주 사용하면 할수록 의존적으로 변하게 된다. 마지막에는 '지능적인 정신 폭력'이 하나의 역할로 변해 버린다. 그러나 이 세상에는 그런 동물이 없다는 사실을 기억하라. 이 세상에는 사람들과 사람들이 행하는 일만이 있을 뿐이다. 누구든 '지능적인 정신 폭력자'가 될 수 있으며, 누구든 '지능적인 정신 폭력'에서 벗어날 수가 있다.

'지능적인 정신 폭력'은 단기간에는 효과가 있을 수 있으나 장기적으로 보면 그렇지 않다. '지능적인 정신 폭력'이라는 도구를 이용하여 여러 전투에서 승리할 수는 있지만 전쟁에서는 패배할 것이다.

nasty people 5

'지능적인 정신 폭력' 행위 : 그 메커니즘에 관해서

> 진정으로 배고플 때는
>
> 어두운 동굴 속에서도 음식을 찾아낸다.
>
> – 칼릴 지브란(Kahlil Gibran) –

'지능적인 정신 폭력'에 관한 연구는 개인적으로 메커니즘과 연관된 경험을 통해 자극을 받아 이뤄졌다. 사실상 초죽음 상태까지 이른 사람들을 치료하는 동안 나는 무기력하게 지켜봐야 했다. 처음에 나는 '지능적인 정신 폭력자'들을 비난했지만 그 들 역시 '지능적인 정신 폭력'의 희생자라는 사실을 깨달았다. 더 이상 좌시할 수 없다는 판단 아래 '지능적인 정신 폭력' 의 진행과정에 관한 글을 쓰기 시작했다. 다음 내용은 아주 강렬한 느낌과 함께 글을 쓰고자 하는 내 의도가 담겨져 있으며, '지능적인 정신 폭력' 그 자체에게 보내는 내 심정이다.

'지능적인 정신 폭력' 에게 보내는 글

싫든 좋든 간에 '지능적인 정신 폭력', 너는 나를 억누르는 엄청난 부담이며 짐이다. 너는 아무런 책임도 지지 않고 점점 더 원치 않는 책임을 나에게 떠넘기고 있다. 너는 물질적인 우주의 한 창자 속에서 나온 것이다. 너는 파괴적이며, 악 그 자체이다. 너는 사람들을 죽이고 타락시킨다. 악의 힘을 이용해 극단적인 자기중심주의자를 만들어낸다.

네 덕분에 통제 메커니즘을 통해 사람을 억압한다. 너는 교묘하고 음험하다. 양심도 없다. 삶 속에서 소중한 것들을 남용하고 엉망으로 만든다. 갈수록 점점 더 악마적인 행위를 한다. 넌 구역질을 만들어낸다. 그리고 너 스스로가 바로 구역질이다. 너는 음흉한 인간 원형 중 하나이다. 너는 스스로 재창조한다.

너는 교묘하고 음험하다. 양심도 없다.
삶 속에서 소중한 것들을 남용하고 엉망으로 만든다.
갈수록 악마적인 행위를 한다. 넌 구역질을 만들어낸다.

사람들은 너, '지능적인 정신 폭력'을 파멸시키기 위해 파괴의 힘을 사용한다. 하지만 사람을 죽일 수는 있지만 너를 죽일 수는 없다.

너는 네 자신을 이용한다. 왜냐하면 '지능적인 정신 폭력자'는 그런 행위를 하기 때문이다. 이는 네가 가지고 있는 환상과 함께 너를 불멸케 한다.

십자군 전쟁 때 승리자들은 정복하기 위해 악마를 이용했으며, 그렇게 함으로써 승리자는 스스로 악마가 되었다. 너는 역설이자 모순이다. 너는 정당하기 위해 교묘하고 섬세하다. 너는 사악하고 영리하다.

하지만 너 역시 정복당해야 한다. 세상에 노출되어야 한다. 모든 것이 벌거벗겨졌을 때 너는 무력감을 느낄 것이다. 아무런 힘도 없을 것이다. 따라서 걱정이 될 것이다. 나는 주장할 것이다. 나는 이상만을 쫓는 돈키호테가 아니다. 네가 작업하는 그 방식을 알고 있다.

나는 너의 나약함을 알고 있다. 나는 파괴적인 사람이 아니다. 다시 한번 말하는데 메커니즘인 너는 작용하는 것이 아니라 이끄는 것이다. 그러면 나는 이끄는 힘을 제거하고 사람들에게 알릴 것이다. 너의 진정한 본성을 알게 된 사람은 네게서 자신을 분리시킬 것이다. 그는 이제 존재 그 자체가 되고 너는 다만 하나의 메커니즘이 될 것이다. 역설적으로 들리겠지만 이제 아무도 너를 파괴하지 않는다. 너를 양육하지 않으면 너는 죽게 될 것이다. 나는 자만심이나 명성을 위해 이 일을 하고 있는 것이 아니다. 한 인간으로서 내 자신을 위한 사랑으로 이 일을 하고 있다. 나는 선택을 수행하고 있다. 그리고 완전히 너를 책임지기로 선택했다.

나는 네 가면을 벗기고자 한다. 너를 파괴하기 위한 악의적인 의도가 아니라 이 모든 모순으로부터 내 자신과 다른 사람을 해방시키기 위해서이다. 이제 악은 결과적으로 그 입지가 약해질 것을 예언한다. 나는 너를 계속 싫어할 것이고 사라지는 것을 즐거워하며 지켜 볼 것이다. 그리고 네가 제거되면 내가 설 땅이 많아진다. 그리고 내 의도는 파괴가 아닌 사랑이 될 것이다. 따라서 이것은 네가 종말로 가는 시작점이 될 것이다. 그 비밀이 노출되면 그 효력은 곧 상실될 것이다.

지금까지 이 책을 읽은 분이라면 자신과 주변 사람들의 삶을 개선 및 향상시키고자 하는 사람들이라 믿는다. 이 《'지능적인 정신 폭력' 에게 보내는 글》을 통해 나는 독자들과 공감대를 형성해서 우리 모두 함께 다가올 다음 세대를 위해 기적을 만들어 낼 수 있었으면 한다. 각 개인에게도 '지능적인 정신 폭력' 은 끔찍한 일이지만, 이것이 나만의 문제가 아니라 바로 "우리" 모두의 문제라는 것이다. 나와 여러분의 후손이 행복과 조화 속에서 살기를 원한다. 만일 우리가 '지능적인 정신 폭력' 에 관해 아무것도 하지 않는다면 누가 할 것인가? 지금이 아니라면 언제 할 것인가? 이것은 지금 당장 해야 할 일이라고 나는 믿는다.

| 우리말로 옮기고 나서 |

결국 행복이다. 살려고 아둥바둥거리는 것도, 허겁지겁 일하고 능력 쌓아 인정받으려는 것도 행복해지기 위해서이다. 영향력 있는 사람이 되어 다른 사람을 위해 좋은 일을 하려는 것도, 결국 다른 사람의 행복을 통해서 자신의 행복을 극대화 시키고자 하는 고차원적인 의도에서 비롯된다.

그러나 쉽지가 않다. 자신을 사랑함으로써 남을 진정 이해하고 사랑하는 것이 쉽지가 않다. 사랑의 기본 전제 조건은 자신을 사랑하는 것이다. 하지만 자신감이 부족하고 자신이 열등하다고 생각하여 불만이 쌓이면 다른 사람을 공격하기 쉽다.

특히 열등감을 느끼거나, 정신적으로 불안하거나, 불행하다고 느낄 때 우리는 다른 사람의 에너지를 이용한다. 은밀하게 공격해서 기분을 엉망으로 만든다. 또 본디 그렇지 않은 사람도 다른 사람의 에너지를 갉아먹고 상처를 주는 사람들과 가까이 지내다 보면 자신도 모르게 이들을 닮아버린다. 이러한 상처 주기는 전염성이 아주 강하다.

따라서 우리 대다수는 가해자이면서 피해자이다. 우리 중 1 퍼센트는 상습적으로 남에게 상처를 주는 못되고 나쁜 사람이며, 20 퍼센트는 반 의식적으로 남을 기분 나쁘게 만들거나 지울 수 없는 마음의 상처를 남기는 사람이다. 그리고 나머지 우리 대부분은 무의식적으로 남에게 비수 같은 말을 꽂아 두고두고 상처를 남긴다.

이 글을 읽으면서 내 마음 또한 편치가 않았다. 무의식적으로든 의식적으로든 내가 상처를 주었을 많을 사람들에게 미안한 마음이 든다. 작가는 강조한다. 나쁘고 못되고 악의로 점철된 사람이 있는 것이 아니고, 다만 그러한 행위만이 있을 뿐이라고. 자신도 제어할 수 없는 그런 상태에 있는 사람에게 연민을 느끼라고 말한다.

흔히들 '무엇이 무서워서 피하냐 더러워서 피하지' 라는 논리로, 이러한 사람들을 가까이 하지 않으면 되는 상황도 있지만, 가족이나 회사에서 이러한 사람을 만난다면 문제는 달라진다. 맞서서 대응하고, 처리해야 한다. 따라서 알아야 한다. 이런 사람들은 겉으로 보기에 카리스마가 있고 자신감이 넘쳐 보이지만, 내면이 약하고 소심한 사람이라는 것을.

이 책은 심보 고약하게 행동하거나 나쁜 사람이라 칭하는 사람들이 왜 그런 식으로 행동하며, 어떻게 대응해야 하는지를 말해주고 있다. 나는 '지능적인 정신 폭력자(Invalidator)' 인가? 아니면 그 피해자인가? 나는 행복한가? 그렇지 않다면 혹시 주위에 '지능적인 정신 폭력자' 가 있는지, 내가 그런 사람이 아닌지 생각해 보자.

모든 것은 사람으로부터 나온다는 말이 있다. 가장 큰 기쁨도, 가장 큰 슬픔도 사람에게서 나온다. 결국 사람만이 희망이다. 주위 사람들과의 조화로운 관계가 전제되지 않는다면 진정한 행복은 기대할 수 없다.

다시 한번 생각한다. 헤르만 헤세의 말대로 '인생에 주어진 의무는 단지 행복하라는 것' 뿐이다. 우린 행복하기 위해 이 세상에 왔다. 경쟁적으로 남을 짓밟고 오르기 보다는 다른 사람을 칭찬하고, 이해하고, 사랑하는 능력을 통해서 더 행복한 세상이 되었으면 한다. 그리고 더 나아가 이 책을 통해 이 세상 모든 사람들이 진정 행복해졌으면 하는 바람이다.